रांगेय राघव

जन्म : 17 जनवरी, 1923; आगरा।

मूल नाम : टी.एन.वी. आचार्य (तिरुमल्लै नंबकम् वीरराघव आचार्य)।

शिक्षा : आगरा में। सेंट जॉन्स कॉलेज से 1944 में स्नातकोत्तर और 1949 में आगरा विश्वविद्यालय से गुरु गोरखनाथ पर पीएच.डी.। हिन्दी, अंग्रेजी, ब्रज और संस्कृत पर असाधारण अधिकार।

कृतियाँ : 13 वर्ष की आयु में लिखना शुरू किया। 1942 में अकालग्रस्त बंगाल की यात्रा के बाद एक रिपोर्ताज लिखा—*तूफानों के बीच*। यह रिपोर्ताज हिन्दी में चर्चा का विषय बना।

मात्र 30 वर्ष की आयु में कविता, कहानी, उपन्यास, नाटक, रिपोर्ताज के अतिरिक्त आलोचना, संस्कृति और सभ्यता पर कुल मिलाकर 150 से अधिक पुस्तकें लिखीं।

साहित्य के अतिरिक्त चित्रकला, संगीत और पुरातत्त्व में विशेष रुचि। अनेक रचनाओं का हिन्दीतर भारतीय और विदेशी भाषाओं में अनुवाद।

सम्मान : *हिन्दुस्तानी अकादमी पुरस्कार* (1947), *डालमिया पुरस्कार* (1954), *उत्तर प्रदेश शासन पुरस्कार* (1957 तथा 1959) और मरणोपरान्त *महात्मा गांधी पुरस्कार* (1966) से सम्मानित।

निधन : लम्बी बीमारी के बाद 12 सितम्बर, 1962 को मुम्बई में।

तूफ़ानों के बीच

रांगेय राघव

राधाकृष्ण पेपरबैक्स

पहला पुस्तकालय संस्करण
शब्दकार द्वारा
1978 में प्रकाशित

राधाकृष्ण पेपरबैक्स में
पहला संस्करण : 2012
This book is printed on **Print on Demand** Technology : 2025

राधाकृष्ण पेपरबैक्स : उत्कृष्ट साहित्य के जनसुलभ संस्करण

राधाकृष्ण प्रकाशन प्राइवेट लिमिटेड
जी-17, जगतपुरी, दिल्ली-110 051
द्वारा प्रकाशित

शाखाएँ : अशोक राजपथ, साइंस कॉलेज के सामने, पटना-800 006
पहली मंजिल, दरबारी बिल्डिंग, महात्मा गांधी मार्ग, प्रयागराज-211 001
1, अनमोल सोराबजी संतुक लेन, धोबी तलाव, मरीन लाइंस, मुम्बई-400 002
वेबसाइट : www.radhakrishnaprakashan.com
ई-मेल : info@radhakrishnaprakashan.com

मूल्य : ₹250

TOOFANON KE BEECH
Reportage by Rangeya Raghava

ISBN : 978-81-8361-537-2

भूमिका

बंगाल का अकाल मानवता के इतिहास का बहुत बड़ा कलंक है। शायद क्लियोपेट्रा भी धन के वैभव और साम्राज्य की लिप्सा में अपने ग़ुलामों को इतना भीषण दुख नहीं दे सकी जितना आज एक साम्राज्य और अपने ही देश के पूँजीवाद ने बंगाल के करोड़ों आदमी, औरतों और बच्चों को भूखा मारकर दिया है।

आगरे के सैकड़ों मनुष्यों ने दान नहीं, अपना कर्तव्य समझकर एक मेडिकल जत्था बंगाल भेजा था। जनता के इन प्रतिनिधियों को बंगाल की जनता ने ही नहीं, वरन् मंत्रिमंडल के सदस्यों तक ने धन्यवाद दिया था। किन्तु मैं जनता से स्फूर्ति पाकर यह सब लिख सका हूँ। मैंने यह सब आँखों-देखा लिखा है।

बंगाल की भुखमरी तब तक समाप्त नहीं होगी जब तक हमारा देश आज़ाद नहीं हो जाएगा और मेरा विश्वास है कि भूख के विरुद्ध लड़कर जनता ने अपनी महान् शक्ति का परिचय दिया है, जिससे हममें एक नया साहस भरकर हुंकार उठना चाहिए।

विवरण–डॉ. कुंटे मेडिकल जत्थे के लीडर थे। अन्य साथी डॉक्टर-विद्यार्थी थे–सूरजप्रसाद सक्सेना, कृपाशंकर सक्सेना, जसवन्त सिंह तथा जगदीशप्रसाद अग्रवाल।

बंगाल मेडिकल को-ऑर्डिनेशन कमेटी ने जसवन्त सिंह के नेतृत्व में जगदीश तथा दो असमी डॉक्टर–विद्यार्थी भुइयाँ तथा

ज़ियाउद्दीन को बाक़ी तीन से अलग करके, दो जत्थे बनाकर, उन्हें निम्न स्थानों पर नियुक्त किया : कुष्टिया–ज़िला नदिया। नारायणगंज–ज़िला ढाका। चटगाँव–ज़िला चटगाँव।

उनका काम ठोस था, सेवा उनका कर्तव्य।

–लेखक

अनुक्रम

बाँध भेंगे दाओ

रेल रुक गई। हम लोग बेहद फुर्ती से सामान उतारने लगे। एक बक्स, एक बिस्तर, एक बक्स, एक बिस्तर—दवाओं के बड़े-बड़े बक्स...सब कुल एक-डेढ़ मिनट में।

भुइयाँ लम्बी-लम्बी साँसें लेता हुआ मुस्कराता जाता था। वह अपनी असमी उच्चारण की अंग्रेज़ी में कहने लगा, 'सब उतार लिया! सब! मगर गाड़ी तो अभी तक खड़ी है!'

जसवन्त अभी तक अदद गिन रहा था। उसने एकाएक ही सिर उठाकर कहा, 'अरे, हाँ, गाड़ी तो अभी तक खड़ी है!'

हम चारों ने देखा, खिड़की पर खड़े वृद्ध महाशय बार-बार अपनी ग़लती के लिए क्षमा माँग रहे थे। उन्होंने कहा था, गाड़ी यहाँ केवल एक मिनट रुकेगी। सब हँस पड़े। गाड़ी चली गई, ठीक दस मिनट रुककर। चला गया वह आफ़त का गुबार जब आदमी को एक फ़ुट-भर जगह के लिए अपनी सत्ता की गवाही पुकार-पुकारकर देनी पड़ती है, जहाँ सब परेशान, सब कठोर मुसाफ़िर, परवश, अपने-आपके ग़ुलाम!

कलकत्ते की चने की दुकानों से लेकर छोटे पवित्र भोजनालय तक जहाँ मैले कपड़ेवाले बदबूदार निचुड़े हुए इनसान बैठते हैं, हमने अनेक स्थल देखे थे, किन्तु जो अब पेट की आग धधकने लगी थी उसने याद दिलाया, कल कुछ खा-पी नहीं पाए सिवाय एक प्याले चाय के, तो उसी का यह परिणाम था। मानो यदि मनुष्य ख़ुद लड़कर खाना नहीं खाएगा तो और कोई यहाँ पूछने तक को नहीं।

हम अपने पश्चिमी प्रान्त की याद में थे। यहाँ स्टेशनों पर पूरी तो

मिलती थी, मगर साथ में केवल मिठाई, जिनके भाव सुनकर एकाएक विचार बदल देना पड़ा था। चली गई वह रेल जिसे एक दिन भारतीयों ने देवता कहा था, जिसने भारत में एक दिन नवीन जागृति फैलाई थी, और आज जो जीवन की विषमता का फुंकारता अजगर बनकर शून्य को डसती चली जाती थी।

वह भीड़, वह गरमी, वह भिंचाव! क्षण-भर के लिए जैसे यह कुष्टिया[1] स्वर्ग था। कलकत्ते के विराट् वैभव के बाद यह छोटा टाउन जैसे मशीनों के देश के बाद आदमी का निवास-स्थान था। विशाल ब्रिटिश साम्राज्य का दूसरा सबसे बड़ा नगर होकर भी जैसे सब-कुछ ऊपर की तड़क-भड़क था और मैंने देखा, कलकत्ता वास्तव में बंगाल नहीं था।

रेल में से देखी थी वही भागती हुई हरियाली, वही झिलमिलाते ताल, किन्तु अब देखा कि यहाँ हँसने में भी उदासी की एक कराह थी, हिलते हुए पत्तों का सा एक कम्पन था।

आकाश में सुहावने बादल छा रहे थे। घटाओं का क़ातिल सुरूर तालों की झिलमिलाती पुतलियों में अक्षय मरोर-सी भरकर बहती हवा में किलकारी बनकर गूँज उठता था। कितना-कितना विश्राम, कितनी-कितनी शान्ति, जीवन का अपनापन उस नीरवता में बार-बार जैसे सुबक रहा हो, भीख माँग रहा हो, जहाँ प्यार, प्यार रहकर भी दुराशा था। अलगाव था, हाहाकार था...।

हम लोगों के चारों ओर भीड़ इकट्ठी हो गई थी। बच्चे शोर कर रहे थे। दवाओं का डिब्बा और बक्स खोलकर रख दिए गए। एक विद्यार्थी आकर अंग्रेज़ी में लिखे शब्दों को पढ़ने लगा। अनेकों ने उससे पूछा और हम लोगों के बारे में ज्यों ही सुना, भीड़ में से कुछ व्यक्ति निकल आए।

एक साँवला-सा पतला-दुबला युवक बोल उठा, 'आप लोगों के लिए ही हम यहाँ आए हैं। स्वागत!'

अभी वह बात समाप्त भी नहीं कर पाया था कि एक आदमी

---

1. नदिया ज़िले का एक क़स्बा।

दौड़ता हुआ आया। एकदम बँगला में उसने कहा, 'कब शुरू करेंगे यह लोग अपना काम?'

ज़ियाउद्दीन ने कहा, 'कल।'

आदमी क़रीब-क़रीब चिल्ला ही उठा, 'तब तो कोई फ़िक्र नहीं, कोई फ़िक्र नहीं।' और वह अफ़सरों को कुछ गन्दी गालियाँ दे उठा।

हम लोग चलने लगे। युवक कह रहा था, 'होस्टल है एक स्कूल का, उसमें आप लोग ठहर जाइए, पास ही है...।'

सचमुच ही मैंने देखा, लोग इन डॉक्टर-विद्यार्थियों को देखकर एकबारगी निश्चिन्त-से हो गए थे। उनके चेहरों पर जैसे दुख की खुली किताब थी। जो भी इनसानियत का थोड़ा-बहुत माद्दा रखता है, वह आसानी से पढ़ सकता है उस सबको।

साँझ घिर चली थी। बादल झूम उठते थे, जैसे लुढ़कने के अतिरिक्त उनके पास और कोई काम ही न था। घास फरफरा रही थी। समस्त वातावरण में एक कल्लोल लहरा रहा था, जैसे वेदना से भरे श्वास वंशी में गूँज उठते हैं।

हम लोग होस्टल की ओर धीरे-धीरे चल रहे थे। एक व्यक्ति जसवन्त से कह रहा था, 'एक समय था जब कुष्टिया कभी हाथ नहीं पसारता था। मगर आज तो वह बात नहीं है।' कहनेवाला चुप हो गया। और मुझे लगा जैसे आते अन्धकार की ढाल पर वे तीव्र बाण टकराकर झनझनाते हुए टूट गए। 'एका नहीं बाबू, एका नहीं, एका नहीं है। एका नहीं है तभी तो आज कुष्टिया की यह हालत है। ऊँची-ऊँची लहरें जब उठती हैं तब किसकी खेया में पानी नहीं भर जाता? किन्तु क्या बिना पानी निकाले नाव जल में सुरक्षित चल सकती है?'

यह प्रश्न आज उसकी सत्ता का प्रश्न है, उसके जीवन की माँग का प्रश्न है।

मोहिनी टेक्सटाइल मिल में एक मज़दूर कहने लगा, 'हम क़रीब तीन हज़ार मज़दूर हैं। हमारी अपनी एक यूनियन है, जिसमें हम क़रीब हज़ार आदमी हैं।'

'वह तो बात ही और है,'–एक और ने कहा, 'सरकार ने कह दिया

हम बीज नहीं देंगे, मगर किसानों के संयुक्त मोर्चे के सामने उसको देना पड़ा। और बाबू, पूरे ढाई सौ मन में से जब और यूनियनों को अपने-अपने हिसाब से दस-दस मन मिले तब अकेली बारखड़ा यूनियन को मिले पूरे 75 मन। सरकार आज भी कोई ठोस 'राशनिंग' नहीं लगाए है, मगर क्या हाथ पर हाथ धरे रहने से कुछ हो सकेगा?' उसका प्रश्न स्वयं उत्तर था। रात आ गई थी, दुकानों पर धुँधले चिराग़ जल रहे थे। बादलों के फट जाने से एक झिलमिलाता-सा प्रकाश काँप रहा था।

होस्टल के दरवाज़े पर सब लोग लौट गए। छोटे-बड़े अनेक विद्यार्थियों ने आकर हमें घेर लिया। उनके अधरों पर एक तरल हँसी थी। पर आँखों में एक भय-उदासी की छाया भी एक अद्‌भुत वास्तविकता थी। दीपक की शिखा जल रही थी। किन्तु निर्धूम नहीं, निश्शंक नहीं। क्षण-भर पहले ही तो वह लौ तूफ़ान में काँप उठी थी। बुझते-बुझते बची थी। मैंने सोचा और समझा कि यह बालक इसलिए नहीं मुस्करा रहे हैं कि उन्हें उस अकाल के भयानक पिशाच से लड़कर बच रहने का गर्व था, बल्कि इसलिए कि उनके सामने आज ऐसे मनुष्य खड़े थे, जिन्होंने उनके मनुष्य बने रहने के अधिकार को स्वीकार किया था, उस समय जब कि उनके अपने उनके नहीं थे, जब वह घृणा और स्वार्थ के कारण एक-दूसरे पर विश्वास कर सकने तक की श्रद्धा को भूल चुके थे।

हम लोग हरी-भरी दूब पर बैठ गए। लड़कों ने हमें चारों ओर से घेर लिया। बात चल पड़ी।

हवा मतवाली चल रही थी। आकाश ऊना-ऊना हो उठता था। गोधूलि की तन्द्रा प्रतिध्वनित-सी पृथ्वी पर अलसा उठी थी।

एक आठ या नौ वर्ष का बालक एकाएक कह उठा, 'चावल तो मिलता ही नहीं। अकाल में तो हमने बाजरा खाया था, बाजरा।' और सब हँस पड़े। सचमुच यह हँसी नहीं थी। जब मनुष्य निराशाओं से घिरा अपने ऊपर रोने के स्थान पर मुस्करा उठता है, तब उसके हृदय का प्रत्येक स्वर गीत बनकर निकलता है। उसकी एक वही वेदना अन्धकार में एक क्षण-भर का जुगनू बनकर टिमटिमा उठती है।

साँवला युवक कहने लगा, 'मार्च 1942 में कुष्टिया में अन्न-संकट

प्रारम्भ हुआ। अप्रैल में क़ीमत 12 से 20 रुपए हो गई और जून में तो पूरे 40 रुपए। तीन महीने तक यही हालत रही। बाज़ार में चिड़िया तक के लिए एक दाना चावल नहीं था। 90 फ़ीसदी गाँववाले और 'टाउन' में आधे से ज़्यादा लोग अरहर, मसूर और चने की दाल पर ज़िन्दा थे। लोग घरों से बाहर आते डरते थे कि एक नहीं, दो नहीं, सड़कों पर अनेक भूखे दम तोड़ते होंगे। और डरते थे घर जाते हुए, जहाँ बच्चे, अपने बच्चे भूखे बैठे होंगे। माँ बेटी को देखती थी, पति पत्नी को देखता था। पिता की आँखें डूबते हुए अरमानों-सी बच्चों से टकराकर तड़पकर भीग उठती थीं। किन्तु कहीं कोई राह न थी। घर ख़ाली थे। बाज़ार ख़ाली थे। चारों ओर प्राणों की ममता दोनों हाथ उठाकर हाहाकार कर रही थी। लोग घरों में मरते थे। बाज़ार में मरते थे। राह में मरते थे। जैसे जीवन का अन्तिम ध्येय मुट्ठी-भर अन्न के लिए तड़प-तड़पकर मर जाना ही था। बंगाल का सामाजिक जीवन कच्चे कगार पर खड़ा होकर काँप रहा था। और वही लोग जो अकाल के ग्रास बन रहे थे, मरने के बाद पथों पर भीषणता के पग-चिह्न बने सभ्यता पर, मानवता पर भयानक अट्टहास-सा कर उठते थे।'

युवक उत्तेजित था। वह कह रहा था, 'हमें आज इस बात में लज्जा नहीं है कि हमने हिन्दुस्तान से भीख माँगी है। यह जीवन की भीख हमने अपने लिए नहीं माँगी। बंगाल का इसमें अपमान नहीं है। आज हिन्दुस्तानी और बंगाली का भेद नहीं किया जा सकता। आज एक ओर मनुष्य हैं, दूसरी ओर वे नर-पिशाच जो मनुष्य को तड़प-तड़पकर मरते हुए देखकर भी चुप रह जाते हैं और रुपए की खनखन में अपनी सारी सभ्यता और मनुष्यत्व को डुबाकर अपनी राक्षसी आँख तरेरा करते हैं। हमारी कराह कोई पराजय नहीं है। दुनिया हमें मर जाने देना नहीं चाहती। तभी तो आए हैं आप लोग, कोई आगरे से, कोई असम से। जिस जनता ने आपको भेजा है वह हमारी है, हम उनके हैं और आज जो यह कच्चे चने ढेर लगाए बैठे हैं, कल जब हम लोगों का एक भट्ठी की भीषण आग बनकर धधक उठेगा तब यह चने निस्सहाय-से तड़फ-तड़फकर इधर-उधर भागेंगे। हमने इतिहास पढ़ा है। हिन्दुस्तान

बार-बार इसलिए ग़ुलाम होता गया कि कोई किसी की मदद नहीं करता था, मगर आज तो वह बात नहीं। यह अकाल जो ग़ुलामी है, जो एक भीषण आक्रमण है, उसे हमें आस्तीन के साँप की तरह कुचलकर ख़तम कर देना होगा। आज यदि हमें लज्जा हो सकती है तो यही कि हमारी ही भूमि में ऐसे लोग हैं, जिन्होंने हमें इस दशा पर मजबूर किया है। किन्तु मैं पूछता हूँ कि क्या आपके यहाँ ऐसे नर-पिशाच नहीं हैं? बात इतनी ही है कि संसार में दो ही लोग हैं। एक हम, एक वह। और दोनों में कभी सामंजस्य नहीं हो सकता, क्योंकि वह रुपए से नापना चाहते हैं और कौन कहता है कि हमें उससे बग़ावत करने का अधिकार नहीं है!'

युवक लम्बी साँसें लेने लगा। एक लड़का जो मुसलमान था, कहने लगा, 'ठीक कहा है, दादा ने बिलकुल ठीक कहा है...आपको मालूम नहीं मगर हमने अपनी आँखों से देखा है।

' पारसाल की बात है। मई का महीना था।

' लोग महाजनों के पास बाज़ार जाते थे और वे कहते थे—चावल? कहाँ हैं चावल? कुछ छोड़ती है यह फ़ौज? हम तो कह-कहके मर गए, मगर सरकार ने ले-ले जाकर सब डाल ही दिया न उस अनन्त भट्ठी में? और...बाबू, तुम समझते हो कि अगर होता तो मैं तुम्हें नहीं देता? किसके लिए दुकान खोली है आख़िर, कोई बाँध के तो ले नहीं जाऊँगा मैं सब?

'और जब बहुत ख़ुशामद होती तो महाजन कहता—क्या करूँ, तुम्हारा तो दुख देखा नहीं जाता अब। मगर लाचार हूँ। कितनी बुरी चीज़ है यह मजबूरी भी! ख़ैर भाई, व्यापार करने को तो मेरे पास कुछ नहीं। मेरे पास अपने बाल-बच्चों का पेट पालने को आधा मन चावल ज़रूर ज़्यादा है। तुम्हें दे दूँगा। आख़िर पुरखों की लाज निभानी होगी। मैं तो ऊपरवाले का भरोसा किए हूँ। वह उबारे तो मर्ज़ी उसकी। तुम रात में आना। मगर शर्त है, पता न चले किसी को और देखो, दाम की क्या बात है? जो दाम है उससे एक पैसा कम ही दे देना...।

'और इसी तरह बात खुलने लगी। पचासों आदमियों ने जब एक ही बात सुनी तो उन लोगों के कान खड़े हुए।

'एक दिन, मई की अँधेरी रात, बीस क़दम पर कोई कुछ करे, दिखना असम्भव था। हवा तेज़ी से चल रही थी। और हमारी अन्न कमेटी के वालंटियर्स ने एक छिपा हुआ गोदाम ढूँढ़ निकाला। वह महाजन हिन्दू था, पूरे कुष्टिया का एक बहुत ही सम्मानित व्यक्ति। चावल, गेहूँ, दाल–उसमें क़रीब ढाई हज़ार मन सामान था।

'दारोग़ा मुसलमान था। उसने आते ही परिस्थिति को भाँप लिया। जानते हैं, उसने क्या कहा? कि तुमने बिना इजाज़त किसी दूसरे के घर में घुसने की जुर्रत की तो कैसे?...मैं तुम लोगों का चालान करूँगा।

'विक्षोभ से भर गया था हमारा मन! 10-15000 रुपए महीना कम नहीं होता बाबू, रिश्वत का। और हड्डी डालकर कुत्ते का मुँह बन्द करके ही तो चोरी की जा सकती है, और वह भी तब जब कि घर के पहरेदार सब ग़ाफ़िल हों।'

मैंने देखा, लड़के के होंठ फड़क रहे थे। वह कहता गया–

'उस दिन हमने देखा कि हम हिन्दू-मुसलमान नहीं, हम भूखे थे, त्रस्त और शोषित थे। जब वे दोनों हिन्दू-मुसलमान होकर भी हमारा रक्त चूसने के लिए एक हो सकते थे तो क्या हम अपने रक्त को बचाने के लिए, अपने जीवन की रक्षा के लिए एक नहीं हो सकते थे? उस दिन हिन्दू हिन्दू नहीं था, न मुसलमान मुसलमान। उस दिन दो वर्ग थे, लुटेरे और भूखे।

'वालंटियर्स ने निकलने से इनकार कर दिया। हज़ारों भूखे इकट्ठे हो गए थे। उनकी जलती आँखों में जैसे बंगाल की सदियों की दारुण यातना अंगारों की तरह दहक रही थी।

'भीड़ ने चिल्लाकर माँग की चावल की, 'हम लेंगे चावल, देना होगा हमें चावल। तुम क़ब्ज़ा करो, वरना हम करेंगे। अपनी भूख का अधिकार है हमें।

'लगता था, दंगा हो जाएगा। पुलिस तो यह चाहती ही थी। मगर इसी समय दो युवक सामने आए। एक हिन्दू, एक मुसलमान। उन्होंने भीड़ को शान्त किया और एस.डी.ओ. के यहाँ गए। और वहाँ से हुक्म लाए।

'टेक दिए घुटने नौकरशाही ने, झुका दिया सर जन-बल के आगे। कौन है जो हमें झुका सकेगा? हम बंगाली कभी भी साम्राज्यवाद की तड़क-भड़क के रोब में नहीं आए। हमें गर्व है बाबू, हम भूखे रहकर भी अभी मरे नहीं हैं।

'अब हम किसी की आज्ञा नहीं चाहते। जहाँ पाते हैं, गोदाम पकड़ते हैं। अन्न कमेटी को सरकार क़ानूनी तौर पर नहीं मानती, मगर क्या दिल में भी वह ऐसा ही समझती है? नहीं तो जो पुलिस पहले बाज़ार में इन्तज़ाम करती थी, अब क्यों नहीं करती? कुचल दिया है हमने आस्तीन का साँप...नर-पिशाच...।'

लड़का चुप हो गया। तब साँवले युवक ने कहा, 'ओह! कैसे हैं हम लोग! आप खाना नहीं खाएँगे क्या? नहाने-धोने की चिन्ता ही नहीं। उठिए न, जो कुछ भी हो।'

शीतलक्षा नदी में एक किनारे नाव बँधी थी। हम वहीं नहाते। जवसन्त दूर आकाश में एक हलकी लाली को देखकर कह रहा था, 'वही है वह जो कभी नहीं मिटेगी, बंगाल के गगन से जब तक अन्धकार को ध्वस्त करके सूरज नहीं निकलेगा। वही है इनके रक्त का रंग, इनका प्राण...।'

चाँदनी नदी पर हिलोर उठा रही थी। झाड़ी और नरकुल में सनसनाती हवा एक संगीत-सा भर-भर देती थी, जो लहरों पर नाच उठता था। कुछ ही मील दूर पर पद्मा पर बजरे में बैठकर एक दिन महाकवि ने अपने वह गीत रचे थे, जिनकी गूँज से मानव की आत्मा में नवीन साहस की, धमनी-धमनी में स्फूर्ति भरनेवाली सृष्टि हुई थी।

घर, वे शान्त घर चाँदनी में सो रहे थे लेकिन मानव को इतना अवकाश, इतना समय ही नहीं था कि वह भी पानी पर बहती चाँदी-सोने की झिलमिल चादरों से आह्लादित होता। स्त्री यहाँ वेश्या हुई थी, पुरुष भिखारी, बच्चे घरघराते पशु। समस्त वातावरण से मानो कराहें फूट पड़ती थीं।

आज बंगाल की धरती पर एक नई बात थी। कहते हैं कि एक दिन दो हज़ार बरस पहले एक नक्षत्र को देखकर तीन महान् देशों से

तीन महाविद्वान पैदल चलकर एक चरवाहे के बच्चे के पालने के पास आए थे और वह बच्चा एक दिन बड़ा होकर अपने लिए नहीं, मरते दम तक मानव को क्षमा करता हुआ, अपनी सूली आप उठाकर ले गया था! मैं सोच रहा हूँ कि यह जो डॉक्टर-विद्यार्थी हैं, क्या वैसे ही नहीं हैं? यह जो बंग आज धराशायी है, क्या यही एक दिन उतना समर्थ नहीं हो जाएगा? नहीं, इस अत्याचार से सिर नहीं झुकेंगे, इस दारुण और असह्य यंत्रणा से भी वह पराजित नहीं होंगे।

लतीफ़ गा रहा था अपने-आप—बाँध भेंगे दाओ—

बाँध भेंगे दाओ

बाँध भेंगे दाओ

बाँऽऽध!

और जब हिन्दू-मुस्लिम छात्रों ने मिलकर एक स्वर होकर गाया, मुझे लगा जैसे दिशाएँ रुक गईं, पवन स्तब्ध हो गया, नदी चुप हो गई और जो दिगन्त से रवीन्द्र, मोहसिन और राममोहन भयंकर हाहाकार कर रहे थे, वह ठंडी साँस लेने लगे। वह स्वर! जीवन के चीत्कारों पर वह एक वज्र प्रहार था।

लड़के गाते रहे, एक स्वर, एक लय, एक प्राण—

बाँध भेंगे दाओ—

और मैंने कितना न चाहा कि यह स्वर बंगाल ही नहीं, हिन्दुस्तान ही नहीं, संसार का प्रत्येक दुखी आदमी, दुखी औरत सुने, और सुने...।

लड़के गा रहे थे!

एक रात

रात हो गई है। चारों ओर सन्नाटा छा गया है। आम के सघन वृक्षों में अँधेरा छिपा बैठा है। धुँधली चाँदनी अपने पंख फैलाए जैसे अनन्त आकाश में उड़ जाने के लिए पृथ्वी पर तैयार बैठी है। मैं चला जा रहा हूँ। शहर की अन्न कमेटी की मीटिंग अभी ही समाप्त हुई थी। एक मारवाड़ी कपड़े के व्यापारी के यहाँ जब वह बहस गरम होने लगी थी, घर के कोने के मन्दिर में से घंटियाँ बज उठी थीं और क्षण-भर के लिए बहस करनेवालों के दिल हलके हो गए थे। कुष्टिया जहाँ साइकिल-रिक्शा के अलावा और कोई ख़ास सवारी नहीं थी, वहाँ अमरीकन लॉरी और ट्रकों के आ जाने से एक प्रकार की नवीनता आ गई थी। सारा टाउन चौंक-चौंक उठा था।

मुझे याद आया आज जबकि खाने को नहीं मिलता था। चारों ओर संकट के बादल छा रहे थे। वे हिन्दू और मुसलमान मध्यवर्ग के प्राणी अब भी अपने स्वार्थों में लिप्त लड़ रहे थे। नुकीली दाढ़ीवाला एक मज़दूर बार-बार बीच में एका कराने का प्रयत्न कर रहा था। जीवन की उस कठोरता के बाद यह नीरवता, यह शान्ति। मेरा मन जैसे एकबारगी सिहर उठा। चाँदनी में बंगाल की युगान्तर की करुण रागिनी मन्द्र स्वर से स्नायवित कम्पन-सा भर रही थी। मैं नहीं जानता सब ऐसा ही सोचेंगे, किन्तु मुझे यह प्रकृति का सौन्दर्य एक स्वप्नलोक-सा लग रहा है। घर सो रहे हैं, दिन में वह अलसाते हैं। एक दिन उन्हें अपने ऊपर गर्व था, किन्तु आज मानव को ही अपनी सत्ता एक अपमान के भँवर में पड़ी त्रस्त प्रतीत होती थी।

एक रात

रात में एक टी-स्टाल पर मैं रुक गया। कुछ मज़दूर बैठे बातचीत कर रहे थे। धुँधले चिराग़ की रोशनी में मैंने देखा यह वह स्टॉल था, जिसके नाम ले लेने मात्र से यूरोप का वासी शायद इसका अन्दाज़ा न लगा सके। दो-तीन बेंचें पड़ी थीं और कोने में बीड़ी के बंडल सजे धरे थे। देखा उन्होंने मुझे, मैं परदेसी लगता था। और वह मुझे देखकर टूटी-फूटी हिन्दी बोलने लगे। आगरा के डॉक्टरी जत्थे की बात सुनते ही उनका अविश्वास हट गया। और हम घुल-मिलकर बातें करने लगे।

एक मज़दूर ने कहा, 'आज 15 तारीख़ है। कोयले की कमी के कारण टेक्सटाइल मिल बन्द हो गई है। 2500 आदमी बेकार हो गए हैं। सरकार कुछ चिन्ता नहीं करती। चावल का दाम 16 रुपए हो गया है।'

अभी वह चुप भी नहीं हुआ था कि एक आदमी तेज़ी से दौड़ता हुआ आया और कहने लगा, 'छह गाड़ी चावल से भरी कोई अँधेरे में निकलवा ले जा रहा है।'

सुनते ही एक तहलका मच गया। मज़दूरों की आँखों में एकाएक ख़ून छलक आया। मैंने देखा—यही शायद वह ख़ून था जो रूस में भयानक नाज़ियों के मुँह पर चोट कर रहा था। यही था वह गुस्सा जो चीन में नंगे हाथों खड़ा जापान को ललकार रहा था। यही थी वह अवरुद्ध प्रतिहिंसा जो मार्शल टिटो के भुजदंडों में फड़क उठी थी।

एक साथ कई मज़दूर हुंकार उठे। इससे पहले कि कोई कुछ कहे, एक लड़का बोल उठा, 'पकड़ लो साले को!' और चार आदमी उस ख़बर देनेवाले के साथ दौड़ गए।

आदम, एक लड़का जो बीड़ी बेच रहा था, बोला, 'अरे, थाने में भी तो रपट करवा दो।' और एक मज़दूर नहीं, फिर तीन-चार थाने की ओर चल दिए।

और मैंने कहा—काश! पूरे बंगाल की जनता ऐसी ही जाग्रत् होती तो क्या...?

चाय पीकर मैं होस्टल की ओर चल दिया और मुझे वे दृश्य याद आने लगे...।

एक दिन मुस्लिम विद्यार्थी चिल्लाने लगे–श्यामाप्रसाद का नाश हो, श्यामाप्रसाद का नाश हो...!

पीछे-पीछे निकल आए हिन्दू विद्यार्थी क्रोध से पागल–लीगी मंत्रिमंडल का नाश हो...झगड़ा बढ़ने लगा–तभी न जाने कहाँ से आए स्टूडेंट फेडरेशन के लड़के और उनकी आवाज़ ने सबकी आवाज़ों को डुबा दिया। उन्होंने कहा–किरनशंकर, सुहरावर्दी, श्यामाप्रसाद एक हो...उन्होंने कहा–भूखा बंगाल एक हो...!

भूखे बंगाल का शीशा चटका नहीं, पिघलकर इकट्ठा हो गया। मन करता है, मैं रो दूँ। कितना वैमनस्य और उसका परिणाम कितना भयानक! मनुष्य मर रहा है! कौन-सा है वह उद्देश्य, लक्ष्य या धर्म, जिसके पीछे हम लड़ें? कौन-सी है वह नैतिकता जो हमें आज भी परस्पर लड़ने की आज्ञा दे सकती है!

माँ अपने बेटे की लाश के पास बैठी रहे और आकर कोई कहे, मैं तेरे बालक को जिला दूँ? माँ अविश्वास करे, किन्तु वैद्य अपने काम में लगा रहे और बालक में जीवन का संचार हो, तब माँ का हृदय कैसा होगा? यही तो मेरा भी हाल है।

क्यों नहीं समझता मनुष्य अपना स्वार्थ जो सबका स्वार्थ हो? क्यों वह परम्परा से स्वार्थ को व्यक्ति के संकुचित रूप में बाँधता रहा है? नफ़रत...नफ़रत ही है आज का ढाँचा, नफ़रत ही है आज का रूप। किन्तु इस दुख और अत्याचार के भीतर रक्त है अभी भी मानवता का, वह जिसके प्रवाह से मनुष्य, मनुष्य के रूप में टिका हुआ है।

न जाने क्यों होस्टल पहुँचते ही मैं थक गया हूँ! आज मेरा दिमाग़ थक गया है। मैं बिलकुल सूना-सूना-सा हो गया हूँ। कोई पूछता है, क्या हुआ? मैं क्या जवाब दूँ? जब सिर में बड़ी ज़ोर की चोट लगती है तब झनझनाहट के अतिरिक्त कुछ नहीं जान पड़ता। यह घाव अब दर्द नहीं कर रहा है। आँसू निकले, छाती धक हो गई है। आज मैं अकाल की कहानियाँ सुनकर आया हूँ। क्यों न जाने वह सुनना मात्र एक सुनना ही बनकर नहीं रह गया! वह छायाचित्र बराबर कुछ पूछ रहे हैं जिसका जवाब वह कभी मनुष्य रहे होने के नाते मुझसे जानना चाहते हैं।

कुछ देर बाद सब सोने लगे। अब वह लड़का सो गया है जो थोड़ी देर पहले गा रहा था–

मरि जातो प्रेम
मरि जातो गान..!

मैं सोचता हूँ, यही दो चीज़ जो मनुष्य को मनुष्य के रूप में रखती हैं, क्या आज उनको ही दाँव पर रखकर बंगाल नया जीवन चाहता है...?

यह कलकत्ते का आबाद वीराना नहीं है। यहाँ बहुत कम लोग हैं, मगर जो हैं वे मनुष्य हैं। यहाँ भूखे, मरतों को देखकर मनुष्य को खुद भूख नहीं लगती, रोना आता है। यह उन्माद का उन्मत्त अट्टहास नहीं है, जहाँ मनुष्य केवल ढेर-के-ढेर करके छोड़ दिया गया हो, केवल हाहाकार करने, रोने, भीख माँगने और मरने...।

मेरी आँखों के सामने चित्र नाचने लगे। अनेक, एक, घूमते, मिटते, बनते, पूछते-पूछते...।

और हरीपुर गाँव जो घनी छाया में ऊँघता-सा, मचलता-सा, धूप और छाया में अल्हड़-सा, पागल-सा आज सुनसान पड़ा था, अपने-आप पर लज्जित एक व्याकुल विधवा की आह-सा। किसान लुट गए, कारीगर भाग गए। और मरने लगे सैकड़ों की तादाद में...वहीं, राह पर... घर में...बाज़ार में...।

औरतों ने रोना छोड़ दिया, मर्दों ने घर लौटना...पतंग कटकर हवा में उड़ती रही और जैसे बालक उसके पीछे भागते हैं, वैसे ही मौत और विनाश उसे घेरकर हँसने लगा...।

विचार टूट गया। मैं आँख खोल रहा हूँ।

स्कूल के विद्यार्थी सो गए हैं। बेचारे बच्चे! किसी तरह अपने जीवन का बोझ ढोए चले आ रहे हैं। सो रहा है जसवन्त, सो रहे हैं ज़ियाउद्दीन और भुइयाँ भी। कितनी-कितनी दूर हैं इनके घर? किन्तु मैं जाग रहा हूँ। नहीं आ रही है मुझे नींद। नींद, वह जो ज़िन्दगी के जागने की एक नियामत है, एक गहरी माप है, जिसकी पतवारों के बल पर जागरण की नैया इस परिवर्तन की नदी में निरन्तर बहती चली जाती है। मैं पहली

बार नहीं, अनेक बार रात-रात जागा हूँ, किन्तु आज मन न भारी है, न है कोई भय की छाया। चाँदनी में पत्तियाँ सरसराती हैं, छोटी छायाएँ बड़ी हो जाती हैं, फिर सिहरकर घास पर झूमने लगती हैं। मुझे नींद नहीं आ रही है।

कभी-कभी झपकी-सी आती भी है तो कोई अकेला नहीं रहने देता। जाने आकर कौन बात करने लगता है! जो सुना है वह मन में रह गया है। किन्तु कोई कहता है, वह क्या केवल कहानी ही थी जो तुम सुनकर चुप हो गए? क्या तुमने उसे समझा भी?

मैं कहता हूँ, मैं यदि नहीं भी समझा तो भी अपराधी मैं ही हूँ। क्या मनुष्य की पाप देखनेवाली आँखें अपराधिनी नहीं हैं?

मुझे नींद क्यों नहीं आती? तुम कौन हो? भयानक? क्या है? इस तरह क्यों आए हो?

'मैं रूपलाल हूँ। इसलिए नहीं कि मैं सुन्दर हूँ। मेरा नाम ही यह है। क्यों है, यह मैं नहीं जानता। तुम मुझे भूलना चाहकर भी नहीं भूल सकते। मेरा जीवन एक कहानी बनकर नहीं रहना चाहता। मैं पिशाच नहीं हूँ, भूत नहीं हूँ, मगर हूँ क्या? तुम नहीं जानते, मैं नहीं जानता।'

आवाज़ बन्द हो गई है। चाँद ज़मीन पर उतर आया है। कोई मेरे पास नहीं है। मैं क्यों कराह रहा हूँ? क्या रूपलाल मेरा कोई पुराना परिचित है? नहीं। किन्तु आज वह भूखा मर गया है, क़ानून में फँसकर मर गया है, वह क़ानून जिसमें निर्माण के लिए निर्माण नहीं, केवल ध्वंस है...।

करवट बदलकर मैं क्यों इतना विह्वल हो उठा हूँ?

हाँ, तो रूपलाल, अगर तुम मर गए हो तो मैं तुम्हारे लिए ज़िम्मेदार कैसे हूँ? तुम थे मुझसे दूर, इतने कि मैंने तुम्हारे जीवन में तुम्हारा नाम भी नहीं सुना था।

मगर तुम हँस क्यों दिए? जीवन में तो तुम्हें शायद इतनी अनुभूति का अवकाश ही न था। आज फिर क्यों? ओह, इसलिए कि हमारे समाज में सब एक-दूसरे से बद्ध हैं, एक भी अपने-आपमें पूर्ण नहीं है।

रूपलाल के एक भाई था—जतीन मंडल। पूरा कुटुम्ब था। कुटुम्ब

सबका एक। एक-दो मालिक, बाक़ी सब पलनेवाले। स्नेह भी, आशीर्वाद भी, अधिकार जितने उनसे अधिक ज़िम्मेदारी, स्वतंत्र विचारों की हत्या।

परम्परा का वह संगठन। वह दिन तो बीत गए। माँझी! टूट गए थे जाल, लहरों के जाल ने जिन्हें काट दिया था। रूपलाल नदी पर जाता, फँसती मछली, डूब जाती वह अतल में, डूब जाता रूपलाल का हृदय भी। साँस लेने को तो फिर-फिर बाहर आना ही पड़ता। देखता रूपलाल...।

आया अकाल, आया हाहाकार।

और एक दिन वह जाकर लाया कुछ चावल टाउन से। था केवल एक व्यक्ति के योग्य। जब घर आया तो देखा, प्राणबाला बैठी शून्य दृष्टि से आकाश की थाह ले रही थी।

रूपलाल उसे चावल देकर चला आया कि पका दीजो। और वह पकाने लगी।

जब रूपलाल लौटकर आया उसने देखा, प्राणबाला वह भात खा चुकी थी। और दोनों बच्चे भूखे चिल्ला रहे थे।

रूपलाल के हाथ में अपने-आप गँड़ासा चमक उठा।

जतीन मंडल की स्त्री–हरिदासी आई थी प्राणबाला को बचाने। पर ख़ुद भी कब बचा सकी वह प्राणबाला को, उसके दो बच्चों को–रूपलाल की स्त्री को, रूपलाल के दो बच्चों को...अपने-आपको...?

रूपलाल ने थाने में जाकर ख़ुद अपनी रिपोर्ट लिखवाई और आत्म-समर्पण कर दिया।

बात खत्म हो गई। मैं सोने का प्रयत्न करता हूँ; मगर यह कौन सामने खड़ा है?

वही रूपलाल! हत्यारा!! ख़ूनी!!!

'अरे, तुम रो क्यों रहे हो, रूपलाल?' मैं उससे एकाएक ही पूछ बैठा।

'रोऊँ भी नहीं! तुम भी मुझे हत्यारा समझते हो? सच कहो! क्या तुम मुझसे नफ़रत करते हो?'

मैं इसका जवाब नहीं दे सकता। रूपलाल का कोई क़सूर नहीं। ठीक है, जब रूपलाल स्वयं थाने में जा खड़ा हुआ कि वह पकड़ लिया जाए, क्योंकि उसे जीने की इच्छा न थी, तब क्या उसका मतलब जीने

से था? नहीं, वह चलती-फिरती मौत नहीं चाहता था। वह नहीं चाहता था कि असली खूनियों के हाथ-पैर आज़ादी से अत्याचार करते रहें और उनके पाप की छाया में वह सदा के लिए रँग दिया जाए।

रूपलाल हँस उठा। वह कह रहा है—तुम क्या जानो? तुमने क्या मुझे तब देखा था जब मैं भूखा था?

वह अट्टहास कर उठा। तब? तब आसमान में न तारे थे, न पैरों के नीचे ज़मीन। चारों ओर अँधेरा नज़र आता था। मैं प्राणबाला को प्यार करता था और संसार ने ग़रीबी के कारण सदा यह समझा कि मेरा प्यार, प्यार नहीं, मेरा स्वार्थ था, एक नियम! सचमुच! किन्तु जिस दिन मैंने अपने हाथों से अपनी बहू और बच्चों का ख़ून किया था उस दिन मैं रूपलाल नहीं था, उस दिन कोई मेरा नहीं था, मैं किसी का नहीं था, रूपलाल की छाया भी न था। बाबू, उस दिन मैं भूखा था।

मैं पूछना चाहता हूँ कि ख़ून करके क्या मैंने पाप किया है? तड़पते हुए पशु को गोली मारकर उसकी यंत्रणा से उसे मुक्ति देना, जिसके पास अपना दुख समझाने को शब्द नहीं हैं उसे समाप्त कर देना क्या पाप है? हमारे लिए जीने और मरने में फ़र्क ही क्या था, बाबू...?

प्राणबाला? उसने बच्चों को भी न देकर खुद खा लिया था, वह उस दिन राक्षसी थी, मैं महाराक्षस था। मौन नहीं था राक्षस उस दिन? बाबू, क्या दो दाने चावल में इतनी शक्ति है कि वह एक दिन में दुनिया पलट दे। मैंने बच्चों को नहीं, बुड्ढों को अपना अँगूठा चबाते देखा है।

एक सवाल है—ख़ूनी कौन है?

दूसरा सवाल है—अपराध किसका है?

और उसके बाद सवालों की बाढ़ है...!

मैं चौंक उठा हूँ। कौन था वह रूपलाल जो मुझसे आकर बातें करने लगा था? मैं देख रहा हूँ। क्या यह देखना ही काफ़ी होगा? क्या वह सत्ता केवल मशीन थी—बनी, बिगड़ी...और मैं सोचता हूँ, मैं फाँसीघर में लेटा हूँ, क़ब्रिस्तान में लेटा हूँ, मरघट मेरे चारों ओर है...मैं बंगाल में पड़ा देख रहा हूँ...!

और याद आने लगा मुझे। सुबह धीरेन ने जो कहा था, एक-एक

अक्षर याद आने लगा मुझे।

मई में फ़रीदपुर ज़िले में कुष्टिया से भी गई-बीती हालत थी। जो पन्द्रह सौ आदमी हमने यहाँ खिलाए थे उनमें क़रीब सात सौ फ़रीदपुर के थे।

दो जवान किसान औरतें—मुसलमान। पूछा उनसे—घर क्यों छोड़ दिया?

उन्होंने कहा—मरद सब छोड़ गए हमें। प्रतीक्षा करते-करते हमें कई दिन बीत गए। बाबू, भूखा नहीं रहा गया। हम दोनों देवरानी-जिठानी हैं। अस्त में झोंपड़े छोड़ने पड़े। मेरे एक बेटा और एक बेटी थी, उसके थी एक लड़की।

धीरेन ने कहा—वह न रोई, न ली उन्होंने कोई आह। केवल कहा—वह सब भी मर गए। और पाँच-छह दिन बाद हमने देखा, वह दोनों औरतें, बाज़ारू औरतों के घरों में चली गईं। शायद पचीस या तीस फ़ीसदी औरतों की यही गत हुई...।

मैं और कुछ नहीं कहता—वह देवियाँ थीं? अप्सरा थीं? मुझे इन बातों से कोई मतलब नहीं। मैं केवल यही सोच रहा हूँ, किसके माँ नहीं है, किसके बहन नहीं होगी? क्या यही सब-कुछ हमारी नारी का अन्त है...?

मुट्ठी-भर अन्न है तो इनसान सुकरात है और यदि वही नहीं तो वह क्या नहीं है...?

कुरान की क़सम खाकर मर्द छोड़ गए, आबरू को औरतों ने अपने हाथ से खोल दिया, बच्चे सर नीचा करके मर गए...क्या यही ज़िन्दगी का अम्बार है, मौत का मैख़ाना...हड्डियों की चहल-पहल...!

मैं सोचता हूँ, क्या हुआ होगा उन औरतों का, जब दूध न रहा होगा छाती में और बच्चे दम तोड़ रहे होंगे? ज़हर न हो गया होगा दिल के चारों तरफ़ ख़ून...वह जिसकी ज़ंजीर में माँ बच्चे के ऊपर हाथ रखे थी और बच्चे ने उसकी तरफ़ मासूम आँखों से देखा था। क्या हो गया वह स्वर्ग का झूठा इलहाम कि घर—इनसान का परिवार—ईश्वर तोड़ता है, मनुष्य नहीं। क्या वह औरतों की जवानी अस्मत के कपड़े के तार-तार

होकर चीथड़े बन जाने के लिए थी, या गन्दी-गलीज़-घृणित बीमारियों का एक लबादा बनने के लिए, जो हर ओढ़नेवाले को कोढ़ की तरह गला देती और नाख़ून तक गल जाती पीब-पीब करके, अपने-आप!

और वह भूख जब माँ ने कहा, वह माँ नहीं थी, रंडी थी–हाँ, रुपया अन्न था, क्योंकि अन्न रुपए के लिए था, खाने के लिए और टूक-टूक होते कलेजे के लिए सबसे अच्छी दवा, सबसे बड़ी सान्त्वना थी–मौत!

मौत जिसने ठोकर मारकर बंगाल की पसलियों को तोड़ दिया और हँस दी, जब लाभ के रुपयों से निरन्तर खनखन का महानाद गूँजने लगा। बंगाल की भूमि को शस्यश्यामल बनानेवाली गंगा और ब्रह्मपुत्र का कलकल डूब गया उस ध्वनि में। गला भींच दिया किसी ने कवि ठाकुर का, अवरुद्ध श्वास छटपटा उठी। 'सप्तकोटि' जनता और कराहों पर वह ध्वनि भीषण मांसाहारी जीव की तरह कच्चा चबा जाने को मँडराने लगी।

और वह औरतें मुझसे पूछ रही हैं–क्या हमें मर जाना चाहिए था?

गूँज रहा है यह सवाल!

जवाब देना होगा, देना होगा जवाब–उनको जिन्होंने उन्हें ऐसा बनाया अनाज चुराकर, उन्हें जो ज़िम्मा लेकर न कर सके इन्तज़ाम। देना होगा हमें जवाब कि हम जीवित रहे और हमारे ख़ून का एक-एक क़तरा भी न बचा सका हमारी माँ की अस्मत–माँ जिसने हमारे मरने पर रोना छोड़ दिया और जिसका पति उसे झोंपड़ी के बाँस समझकर छोड़ गया, अपने हाथों अपनी अँतड़ियाँ पकड़े...!

आज मैं रोऊँगा नहीं, क्योंकि रोकर नहीं बचेगा बंगाल। बनानी होगी यह नमी हमें उन ख़ूनियों के प्रति, नफ़रत की आग में भाप, तहस-नहस कर दे डाकुओं और ठगों का वह गिरोह जो ख़ून से भीगे दाँत लेकर हँस रहा है और जिसकी कड़ी उँगलियों में फँसी माँ की गरदन अभी छटपटा रही है।

मैं बिस्तर पर काँप नहीं रहा हूँ। हवा तेज़ी से चल रही है। आज मैं जवाब चाहता हूँ। कोई मेरे भीतर अपनी पूरी शक्ति लगाकर चिल्ला रहा है–मा भैः, मा भैः, मा भैः!

मरेंगे साथ, जिएँगे साथ

पगडंडी, पतली-दुबली लजीली। उस पर हमारे पैरों का बोझ। हरियाली में जाकर वह लजवन्ती खो गई। छेवड़िया ऊँघ रहा था। हवा सनसना रही थी। मन भारी था।

किन्तु चाँद अली ने टीका लगवाने से इनकार कर दिया। एक बार उसके टीका लग चुका है, फिर क्यों? छोटे-छोटे अलग-अलग बसे घरों को देख विलायत के गाँवों की सुनी-सुनाई बातें याद हो आती हैं। कहते हैं, हर घर के चारों तरफ़ जगह रहती है। जिन पर पेड़ों की छाया। मालूम नहीं, कहाँ तक सच है? बचपन में एक मास्टर साहब पढ़ाया करते थे। उन्हीं ने कहा था, पेरिस की सड़कें रबड़ की होती हैं। तब मान भी लिया था।

साढ़े पाँच सौ घर, उनींदे-से, थके-माँदे-से। गाँव पाड़ों में विभाजित है। मन हँसता है, मन रोता है; न रोता है, न हँसता है।

कल शाम को डॉ. मंडल की छत पर एक सभा हुई थी। डॉक्टर-विद्यार्थी ने कहा था, एक मेडिकल बोर्ड बनाना चाहिए जिसमें स्थानीय डॉक्टर हो। वह अपना ज़िला या सबडिवीज़न सँभालें। किन्तु काला कोट पहने एक डॉक्टर के मुँह पर हँसी खेल उठी। यह त्याग कौन करे?

हिन्दू-मुसलमानों में झगड़े उठे, बोर्ड भी अन्त में बन ही गया, किन्तु मैं सोचता हूँ...सोचता हूँ, मनुष्य वर्गों में फँसकर कर्तव्य को त्याग कहता है। पड़ोस में आग लग रही है और वह निस्सहाय-सा पूछता है—मैं क्या करूँ? मैं क्या करूँ?

अन्त में लोगों ने कहा—हमें अपनी मदद अपने-आप करनी होगी।

मैंने यह भी सुना था।

टेक्सटाइल वर्कर्स में यूनियन के दो मज़दूर, दो स्थानीय विद्यार्थी आज गाँव में टीका लगवाने आए थे।

हम चल रहे थे।

एक मरियल किसान हल पर पैर रखकर एक बूढ़े से बातें कर रहा था। वह हमें देखकर मुस्कराया। एक लड़का आम के पत्तों की सींकों से बिंधी टोपी लगाए घूम रहा था।

एक लड़की चीख़ उठी, 'दो सौ जो मर गए उनके टीका लगाओगे?'

विक्षुब्ध हो गया है पवन–उन्मन, सनसन! वही सन्ध्या का अविश्वास। मनुष्य की कठोर यातना के सम्मुख हलचल!

एक मज़दूर ने टोपीवाले बच्चे को बुलाया और उसके हाथ पर स्पिरिट लगाई। अचानक ही एक बुढ़िया चिल्ला उठी, 'मर जाएँगे तो मर जाएँगे, मगर टीका नहीं लगवाएँगे।'

ज़ियाउद्दीन भौं सिकोड़ता है।

एक जुलाहा झोंपड़ी के आगे बरामदे में बैठा ताना-बना बुन रहा है। वह थक-थक जाता है। गाँव में अपूर्व हरियाली है। अब इन गड्ढों में फिर पानी भर जाएगा और बरसात में मलेरिया फिर पनपेगा, मनुष्य मरेंगे, दलदलों पर लाशें तैर उठेंगी, मच्छर भनभन करेंगे...।

कौन आएगा इतनी दूर से उनके लिए? वह विस्मित है। एक बालक हमें देखकर मुस्करा रहा है। बालक का रूप मुरझाया हुआ है। सूखी बेल पर ओस चमक रही है आज–शायद नए जीवन का प्रभात आरम्भ हो गया है।

बालक सहर्ष टीका लगवा रहा था। माँ विस्मित थी। पिता के जीवित रहने का सवाल ही नहीं उठता। बालक का नाम है गादून। बड़ा होकर वह हमें भूल जाएगा। तब बूढ़ी माँ शायद कहेगी–बड़ी दूर से आए थे एक बार कुछ डॉक्टर लड़के, क्योंकि बंगाल भूखा था और लोग मर रहे थे। छह या सात बरस का बालक चाँदअली से कह रहा है–बाद में तो दाम देकर भी टीका नहीं लगवा सकेंगे। ज़्यादा-से-ज़्यादा फ़ौजी आएँगे और डाँटेंगे।

उसकी माँ पूछती है, 'बाप रे! यह भी आदमी हैं, जो इतनी दूर से आए हैं?'

टेक्स्टाइल यूनियन का मज़दूर कहता है, 'माँ, हम जो भूखे हैं, बीमार।'

सबके स्वर गद्गद हैं। वृद्धा फिर पूछती है, 'तुम्हारे माँ है?'

ज़ियाउद्दीन कहता है, 'नहीं, मैं दुनिया में अकेला हूँ। एक बहिन है, छोटी। और कोई नहीं।'

औरों के माँ हैं।

वृद्धा कहती है, 'कैसी होंगी वे माँ? देवी? बंगाल की माँओं ने कब भेजा हमारे लिए अपने पूतों को? पर तुम अकेले हो?' उसकी आँखों में पानी आ गया। जैसे औरों के लौटने पर तो उनकी माँओं का दुलार उन्हें मिलेगा ही। यह कौन है ज़ियाउद्दीन जिसे कभी स्नेह नहीं मिला और फिर भी एक नहीं, दो नहीं, सैकड़ों को अपने स्नेह का अक्षय कोष लुटाने आ गया है! क्षण-भर को हम सब विभोर हैं। स्नेह का आदान-प्रदान हो रहा है। वहाँ जहाँ कोई अपने से बाहर नहीं सोचता। किन्तु मैं जानता हूँ, मरघट में प्यार के बादल उमड़ते हैं, उतना कोई कहीं और प्यार नहीं करता। दुश्मन भी दोस्त हो जाता है।

'तुम साथी हो?' एक जुलाहे ने पूछा। अब जैसे हम सब एक हो गए। संस्कृति, भाषा, भाव–सबके भेद टूट गए। एक हो गए हम। मनुष्य...केवल मनुष्य। परदेवाली स्त्री ने मुँह खोलकर टीका लगवाया। चाँदअली अपने-आप हाथ बढ़ा रहा है।

गादून अब भी मुस्करा रहा है।

हम गाँव से चल दिए हैं।

जुलाहे धीरे-धीरे कात रहे हैं, बुन रहे हैं, सुदूर...हलचल से दूर, आग में जलते-से। पेड़-पेड़ पर लपट छा रही है। भूखा धुआँ जैसे आकाश में घुमड़ रहा है। बीमारियों से भूमि भट्ठी की तरह धधक रही है। क़फ़न के बक्सों-से यह झोंपड़े...आदमी उनमें रेंगते कीड़े...!

पाड़ा...पाड़ा...गाँव...गाँव...ऊँचे दाम, खरीदने की अशक्ति...नारी की लाश...मृत्यु...गाँव दूर रह गया था। पीछे हरियाली शेष थी। हवा

गरम होने लगी थी।

अब हम फिर बस्ती में पहुँच गए थे।

टाउन के बाहर जहाँ रेल की पटरी के बाहर छोटी-छोटी गन्दी-सी दुकानें हैं, उन्हीं के सामने एक लम्बा-सा अहाता है। बाईं तरफ़ बाबुओं के क्वार्टर हैं। अहाते के भीतर कई कमरे बने हैं। उन्हीं में मज़दूरों के रहने की जगह है। पीछे की तरफ़ ईंट पकाने के बड़े-बड़े भट्ठे हैं। दूर से उनकी चिमनियों में घुमड़ता हुआ धुआँ आकाश में लहराया करता है। यहाँ काफ़ी हिन्दुस्तानी और उड़िया मज़दूर हैं। ज़ियाउद्दीन, असम का विद्यार्थी, इंजेक्शन और इनॉक्यूलेशन लगाता हुआ दो मज़दूरों के साथ घूम रहा था।

एक जगह हम लोग ठिठक गए। द्वार पर कई साड़ियाँ सूख रही थीं। हम समझे, शायद यहाँ सिर्फ़ औरतें हैं। किन्तु इसी समय भीतर से एक बालक निकलकर कहने लगा, 'आओ न बाबू, भीतर आओ!'

हम लोग भीतर चले गए। सब लोग घरों से बाहर निकल आए थे। उनके चेहरों पर जैसे एक बड़ा प्रश्न-सूचक चिह्न था। वह जो अपने पेट के लिए इतनी दूर पड़े थे, उन्होंने इस बात पर विस्मय किया कि यह डॉक्टर बिना पैसे के इतनी दूर से उनके ही लिए आए थे। वे श्रद्धा और सन्देह में कुछ निश्चय नहीं कर पाए थे। ज़ियाउद्दीन इंजेक्शन देने के सिलसिले में लग गया। लोगों में एक अजीब हिचकिचाहट थी। एक मज़दूर ने कहा, 'टीका नहीं, बाबा, ईश्वर ने हमें बनाया है। वही हमें बचाएगा।'

बहुत दिनों से ऐसी बात नहीं सुनी थी। वास्तविक की जानकारी ने लाखों को बता दिया था कि परमात्मा का इसमें कोई दोष नहीं, यदि आज लोगों को चावल मिलना बन्द हो गया था। मैं देख रहा था, अभी भी बंगाल में निराशा छा रही थी।

एक मज़दूर साफ़ धोती पहने, बाल काढ़े, अपने कमरे के द्वार पर बैठा था। उसकी बच्ची पास में बैठी गाना गा रही थी। अभी हम उसके द्वार पर पहुँचे भी न थे कि उस स्त्री ने भीतर से अपने छोटे बालक को बाहर दे दिया। मज़दूर ने कहा, 'क्या है? इसे बाहर क्यों कर दिया?'

स्त्री ने अन्दर से हलके-से कहा, 'बच्चा है। इसके टीका लगवा लो।' पति ने कुछ देर तक सोचा और बच्चा हमारे सामने कर दिया। ज़ियाउद्दीन कभी-कभी उनके मना करने पर हारा-सा कह उठता था, 'अरे, ये ही जब हम पर विश्वास नहीं करेंगे तो फिर और किसकी चाह है हमें?'

हमारे साथ का मज़दूर साथी कह रहा था, 'डॉक्टर! जिसे तुम अविश्वास कहते हो, वह वास्तव में अपनेपन का हठ है। सदियों से जो कभी नहीं पढ़े-लिखे, वे तुम्हें अपना समझकर ही तो सवाल करते हैं, मना करते हैं, फिर मान जाते हैं। पर जब फ़ौजें यहाँ आई थीं तब क्या यह सब हुआ था? हुक्म होता था। उधर, इधर, मज़दूर की पत्नी, बच्चे, सब आस्तीन खोलकर लाइन में खड़े हो जाते थे। किन्तु क्या वह ज़बर्दस्ती की दवा फ़ायदा कर सकी? आज वह तुमसे पच्चीस सवाल पूछते हैं। फ़ौजियों से तो कुछ नहीं पूछते थे। और देखा न तुमने परिणाम! सबके टीके जानकारी न होने के कारण गन्दगी से पक गए थे।' मैंने देखा, वह असंख्य जनता के दुख से विक्षुब्ध हो उठा था। इसी समय एक आदमी ने कहा, 'मुझे छोड़ दो, भैया! मैं नहीं। मुझे तो परमात्मा की इच्छा होगी तो कुछ भी न होगा।' एक अधेड़ औरत ने कहा, 'महाजनों ने नाज चुराया, अकाल पड़ा, क्या परमात्मा ने यह भी चाहा था?'

वह आदमी एकदम चौंक उठा, 'तू दीदी? ऐसा तो नहीं हुआ।'

औरत कहने लगी, 'तो बिना हाथ उठाए ही क्या भात तेरे मुँह में पहुँच जाएगा? मत लगवा टीका। तू बीमार हो लीजो, तेरे बीवी-बच्चे को अपनी सौगात दीजो, मगर जो बस्ती में तूने यह बसन्त (चेचक) और हैज़ा फिर से फैलाया तो?'

एकाएक वह आदमी काँप उठा, मानो अज्ञात आशंकाओं ने उसे घेर लिया था।

वही मज़दूरिन बोलती रही, 'क्या सदा ही हम पागल और मूर्ख बने रहेंगे? घर पहले ही क्यों न साफ़ कर दिया जाए?'

अब के उस आदमी ने कहा, 'दीदी, तुम कहती तो हो, मगर क्या

तुम्हें एकदम भूल गया है कि रामचरण की बेटी, काशीनाथ का भाई, सबके क्या टीके लगे नहीं थे जो फिर से उनके घर में बसन्त फैल गया और रामचरण की बेटी तो बेचारी...!'

वह कह नहीं सका, मानो उसने आवेश में बाज़ी जीत ली थी।

औरत ने आगे बढ़कर कहा, 'फिर भी देखो, काशीनाथ के भाई के अब चिह्न तो नहीं, वरना वह भी होते। पहले यदि सौ को होता तो अब पाँच को। अरे, वह तो गन्दगी से मरते हैं, बदपरहेज़ी से मरते हैं। याद है रामचरण की बेटी, लाड़ली कभी भी अपनी ज़बान रोकती थी? न, न बाबा, तू भले ही न लगवा, मगर बस्ती की बहुओं, माँओं और बच्चों की आहों की क़सम, तू यहाँ बीमारी फैलाकर नहीं रह सकता।'

वह आदमी क्षण-भर चुप रहा। और हमने विस्मय से देखा, उसने हर्ष से अपना हाथ खोलकर बढ़ा दिया।

वह कह रहा था, 'दिल तो अब भी हिचकिचाता है, मगर क्या बस्ती में रहकर एक बनकर न रहना चाहिए? क्या मैं अपनी वजह से दूसरों को मरने दूँगा? अरे, हम साथ रहते हैं, जिएँगे तो साथ, मरेंगे तो साथ।'

ज़ियाउद्दीन के होंठों पर अद्‌भुत स्फूर्ति मुस्करा रही थी। मैं देख रहा था, आज हम जीवन के एक नए पहलू के सामने खड़े थे। सारा अविश्वास क्षण-भर को भूल गया था। मनुष्य जब अपने-आप बढ़ता है तब दूसरे उसके साथ ही चलने को मजबूर होते हैं। धीरेन दास की बातें सच थीं। उसने कहा था कि 'कुष्टिया के जीवन में तुम लोगों का बड़ा भारी हाथ होगा। जब तुम चले जाओगे तब भी हमारा साहस नहीं टूटेगा। विद्यार्थियों में एक नया जीवन भर उठेगा। देखते नहीं हो, मज़दूर तुम्हें कितना प्यार करते हैं!'

और मज़दूरों की याद ने मुझे घेर लिया। लम्बी मूँछोंवाले, नीली कमीज़ पहने हुए उस जाग्रत् मज़दूर ने गीत सुनाए थे अपने ही स्टाइल में। छोटा-सा टाउन। उसमें ऐसा जागरण!

हिटलर स्टालिन से अपने प्राणों की भीख माँग रहा है—तुम ही मेरे माँ-बाप हो, मैं ख़ून से भीगा हुआ हूँ—साफ़ नहीं हो सकता...।

अत्याचार मानवता से भीख माँग रहा था!

और रोटी पर रसगुल्ले का रस लगाते हुए गाया था उस मोटी आवाज़वाले लड़के ने–

कांग्रेस लीगेर मिलन बिना
देशेर संकट दूर होबे ना...
दूर होबे ना।

और विद्यार्थी, हिन्दू, मुसलमान, मज़दूर, गाँव से आए किसान, आधे भूखे...रात को जो मीटिंग में लड़ चुके थे, गा रहे थे, उस समय, 'दूर होबे ना, दूर होबे ना'...क्योंकि समस्त बंगाल से ध्वनि आ रही थी–

देश जले, देश जले, देश जले रे!

हम सबसे मिले, हिन्दू से, मुसलमान से। और मन्दिर में उस दिन समवेत गीतनृत्य हो रहा था, 'हे काली माता, रोको यह अकाल, यह महामारी!' बंगाल में अब भी महाकाली की प्रचंड शक्ति है...बालक, पुरुष–सब जाग रहे हैं...।

मेरे सामने अज़हर है, गाँव का नेता। हरिशंकरपुरा का निवासी। वह कह रहा है, '700 की आबादी में से 250 मर चुके हैं। किसानों और मज़दूरों को कालाज़ार खा गया है। किसान ज़मीन बेच चुके हैं। इस बार यह आमन की फ़सल पुराने क़र्ज़ चुकाने में निकलती जा रही है।'

अनन्त दुखों की कथा है...।

रफ़ाल सरदार के लड़के ने ज्वर से कराहकर करवट ली। माँ देख रही है। चुप है। डॉक्टर के लिए दाम नहीं है। बाप चुप है। आठ रोज़ से खाने को नहीं दिया है। लड़का तड़प रहा है। पाँच और बच्चे, कोई पड़ा है, कोई चुप बैठा है। उनके जीवित रहने की आशा है, तभी मरते के मुँह में दाना डालने का अन्याय कोई नहीं करना चाहता! माँ भी नहीं। बाप देख रहा है...लड़का तड़प रहा है...!

माँ का दिल नहीं धड़कता। वह मर गई है। हार्ट फ़ेल हो गया है। रफ़ाल सरदार मुस्करा उठता है, 'एक और कम हो गया...!'

बाहर गाँव के पथ पर एक बुड्ढी पड़ी है। भीख भी नहीं माँगती; कोई दे जाता है, खा लेती है। वह दोनों वक़्त नहीं खा पाती, क्योंकि देनेवाले ही मुश्किल से एक बार खा पाते हैं।

मियाँजान उसके पास जा बैठा है। उसके शरीर पर सूजन है, घाव है। बुढ़िया उससे घृणा नहीं करती। वह बुढ़िया को प्यार नहीं करता। रोटी के टुकड़ों पर दोनों झगड़ते हैं, भात के कौर धूल में से बीन-बानकर खाते हैं...वह दिन बीत गए हैं, तब बंगाल में लोग सड़क पर मरते थे। कपड़ा जल चुका है, मगर उसका धुआँ अभी तक कसैला और कड़वा। जिसकी आँखों में लग जाए, आँसू गिर-गिर जाएँ। घुमड़न अन्तराल में उमड़ती रहे। बुढ़िया बैठी रहे, मियाँजान घावों को खुजलाता रहे—दुनिया आगरे का ताजमहल देखना छोड़ दे। बादशाह और मलका अब मिट्टी हैं, किन्तु यह दोनों अभी जीवित मिट्टी हैं—देखें, सब देखें।

अँधेरी रात में पुल पर खड़े हैं हम। एक मादकता, एक सुरभि-भीनी तेज़ हवा, कहो समीरण, झकझोरती, मन को भर-सी देती। उस पर मज़दूरों का गीत उमड़ता तैरता चला आ रहा है—जाग, देश जाग! सर्वहारा में शक्ति है कि रात को जगा सके। जब देश सो रहा हो तब उसे जगाने के लिए पुकार उठा सके। आकाश सिहर रहा है। मेरे मन में एक तृप्ति है कि अभी कुछ नहीं हुआ, किन्तु होगा वही जो होने को है : कि हम ठीक हैं, कि हमारी विजय होगी।

पटरियों पर सिगनल की लाल रोशनी झलक रही है। एक मज़दूर कह रहा है, 'एक दिन पारसाल इन्हीं दिनों हम रात को यहीं खड़े थे। उस दिन हम सब भी भूखे थे। अकाल ज़ोरों पर था। मिल से मिलनेवाला चावल काफ़ी नहीं पड़ता था। बादल आकाश में छाए हुए थे, बिजली चमक रही थी। हम सब चुप खड़े थे। अचानक हमने देखा कि बिजली की कौंध में कोई आकर पटरी पर लेट गया। हम दौड़कर गए। देखा—वह मरने के लिए, रेल से कटकर मरने के लिए लोहे पर सिर रखे था। उसके दाँत भिंचे हुए थे। नसें उभरी हुई थीं। दौड़कर आती हुई रेल रुकवाई गई। उससे पूछा। उसने कुछ भी नहीं कहा। वह मौन था, जैसे गूँगा हो। बहुत देर बाद उसने बताया—ज़िला फ़रीदपुर से मदारीपुर से चलकर आया था वह। घर में दस आदमी थे और खेत थे। खेत बिक गए, सब-कुछ बिक गया और कुछ लुट गया—घर के बाहर का बाज़ार में, घर के भीतर का मौत के हाथ। कुष्टिया के लंगरख़ाने भी जब उसको

कुछ न दे सके तब वह बहादुरी से मरने आया था!'

उसके बाद की कहानी कोई ख़ास नहीं। उसी ने बताया था कि एक दिन उसकी बेटी और जमाई एक साथ सो रहे थे। बग़ल-बग़ल में। सुबह दोनों की मुट्ठियाँ बँधी थीं, आँखें चढ़ी हुईं और साँस कहीं दूर चली गई थी।

मज़दूर चुप हो गया। हो गया कुष्टिया पूरा। क्या बचा है अब देखना?

पहली कहानी–हम सुखी थे।

दूसरी गाथा–अकाल आया।

नाटक–दाम बढ़े, चावल नहीं मिला।

प्रहसन–लोग मरने लगे।

विष्कंभक–मलेरिया शुरू हुआ।

महाकाव्य–मौत...मौत...मौत...!

मेरी पुकार–जिएँगे साथ, जिएँगे साथ, नहीं मरेंगे, क्योंकि जीना है–जीना है–जीना है...!

अदम्य जीवन

हम पगडंडियों से बढ़ते जा रहे थे। सूर्य आकाश में चढ़ने लगा था। कहीं-कहीं कोई किसान किसी पेड़ की छाया में बैठा दीख पड़ता था। सर्वत्र नीरवता छा रही थी। आकाश में बादल तैर रहे थे, जिन्हें देखकर खेतों से एक सोंधी-सी उसाँस उमंग उठती थी। दूर हरियाली की हहर तेज़ चलती हवा की तरंगों पर गूँज-सी उठती थी। हरी-भरी पृथ्वी पर कभी-कभी बादलों के छा जाने से कहीं धूप और कहीं छाया, बरबस हृदय को अपनी ओर आकर्षित कर लेती थी। किन्तु मेरे साथी को जैसे इन सब बातों में कोई दिलचस्पी नहीं थी। बायाँ हाथ उठाकर वह कह रहा था, 'वही है शिद्धिरगंज, देख रहे हो न वह ताड़ का पेड़?'

दूर—लगभग मील-भर की दूरी पर—कालनेमि की तरह खड़ा था वह लम्बा ताड़ का पेड़। जैसे-जैसे हम उस पेड़ की तरफ़ बढ़ रहे थे, आकाश के बादल लहरों की तरह उस पर केन्द्राकार आ-आकर फैल जाते थे। वर्षों से ताड़ का वह पेड़ इसी तरह खड़ा है और वर्षों से उसके हिलते पत्तों ने बादलों की मर्मर सुनी है; किन्तु आज उसकी छाया में मनुष्य विक्षुब्ध हैं।

मेरा साथी चुपचाप बढ़ा चला आ रहा था। एकाएक वह ठिठककर खड़ा हो गया। मैं उसके पीछे था। मैंने उसका कन्धा पकड़कर कहा, 'भट्टाचार्यजी, क्या हुआ?'

'कुछ नहीं; गाँव आ गया।'

'गाँव! पर यहाँ तो कोई बस्ती शुरू ही नहीं हुई।'

साथी की आँखों में एक निराश मुस्कराहट काँप उठी, 'नहीं क्यों

कहते हैं आप? वह देखिए, वह...!' और उसने अपना हाथ सामने की ओर उठा दिया। मिट्टी का एक छोटा-सा ढूह घास में से अपना अनगढ़ सिर निकाले चुपचाप पड़ा था। मैं समझ नहीं सका कि क्या यही गाँव है? मैंने कहा, 'यह तो मिट्टी का एक ढूह-मात्र है।'

'इस गाँव की यही तारीफ़ है। आदमी मिलने से पहले यहाँ क़ब्रें शुरू हो जाती हैं!'

मैंने देखा, वह सचमुच क़ब्र थी। कच्ची मिट्टी, सिर पर कोई साया नहीं, चारों तरफ़ कोई घेरा नहीं। हम लोग बढ़ चले। प्रतीक्षा की सी नीरवता में प्रायः हर पाँच-दस क़दम पर एक-न-एक क़ब्र थी। मेरा हृदय काँप उठा।

सामने एक टूटा घर था—भग्न, विध्वस्त; मानो तूफ़ान में उसका वैभव नष्ट हो गया था। और उसके सामने केले के पेड़ों की शीतल और मनोरम छाया में चौदह क़ब्रें आँखें मूँदे पड़ी थीं। एक लड़ाका, जो वहीं बैठा एक आम की गुठली का सब-कुछ खा जाने में लगा था, अपने-आप चिल्ला उठा, 'बाबू, एक-एक में दो-दो, तीन-तीन हैं। एक-एक में दो-दो, तीन-तीन।'

और वह फिर गुठली को मुँह मारने लगा। भट्टाचार्यजी पेड़ों की घनी छाया में एक पेड़ से सटकर खड़े विश्राम कर रहे थे। वे कहने लगे, 'बाहर से तुम्हारी तरह ही बहुत-से लोग आते हैं। हम चाहते हैं कि तुम यहाँ की एक-एक क़ब्र से बात करो और हिन्दुस्तान के कोने-कोने में जाकर कहो कि जिस ढाके के मलमल एक दिन शहंशाह पहनते थे, आज वहाँ जुलाहे चूहों की तरह मर रहे हैं। बोलो, सुना सकोगे संसार को यह?'

छोटी-छोटी पगडंडियों से होता हुआ यह स्वर क़ब्रों से टकराकर गूँज उठा और मानो क़ब्रों से आवाज़ें आने लगीं। चौदह क़ब्रें—आँखों के सामने एकबारगी उनमें सोए कंकाल तड़प उठे और नाच उठे यातना से व्याकुल, भूख से तड़प-तड़पकर मरते हुए प्राणियों के चित्र।

राह में एक वृद्ध अपनी चटाई पर बैठा करघा चला रहा था। हम लोग उसी के पास जाकर रुक गए। वृद्ध ने हमारी ओर दृष्टि उठाई।

भट्टाचार्यजी ने कहा, 'दादा, आगरे से आए हैं यह, यहाँ का हाल देखने।'

'जियो बेटा, जियो!' वृद्ध ने गद्‌गद स्वर से कहा, 'यह आगरा कहाँ है?'

'हिन्दुस्तान में?'

'हिन्दुस्तान से आए हो? आओ, बैठो बेटा, आओ।' उसने चटाई की ओर इशारा किया। हम लोग बैठ गए। वृद्ध कहने लगा, 'जो देखने लायक़ था, वह तो ख़त्म हो गया। मगर तुम आए हो, तो देखो; आगे जाने क्या हो?' वह क्षण-भर चिन्तित-सा दिखाई दिया। फिर भी एकाएक स्वर बदलकर उसने कहा, 'तुम हमारे मेहमान हो, भैया! आराम से बैठो ज़रा। हम भूखे हैं; मगर तुमने जो इतना कष्ट किया है, किसलिए? हमें अपना समझकर ही न? फिर तुम समझते हो, हमें इसका ज्ञान नहीं है?'

मैं चुप बैठा रहा। भट्टाचार्यजी कहने लगे, 'दादा, कष्ट-वष्ट की बात छोड़ो; इन्हें इस गाँव के कुछ हालचाल बताओ।'

वृद्ध एक क्षण चुप रहा। फिर बोला, 'हालचाल? वह देखो...!' और उसने एक क़ब्र की ओर इशारा किया और कहता गया, 'शिद्धिरगंज के हालचाल सुनना चाहते हो? एक-दो-तीन, गाँव के एक छोर से दूसरे छोर तक गिनते चले जाओ। क़सम है, अगर तुम किसी को हाय-हाय करते पाओ। नहीं, आज कुछ नहीं है। था एक दिन, जब गाँव में रात-दिन रोने-कराहने के सिवा और कुछ भी सुनाई नहीं देता था; मगर अब तो वह सब-कुछ नहीं।'

वास्तव में हमें कोई भी रोता नहीं दिखा। सब मानो अपने-अपने काम में लगे थे। मैंने देखा, डॉक्टर चुपचाप घरों की ओर देख रहा है। बाँस के सुन्दर-सुन्दर झोंपड़े! सदियों से बंगाल–हम लोगों–पर बार-बार बाहरी हमले होते रहे; मगर आक्रमणकारी कभी भी यहाँ की शस्य-श्यामला पवित्र भूमि को नहीं रौंद सके। यहाँ मनुष्य को इतना समय मिल चुका था कि वह बैठकर आराम से इतने सुन्दर और स्वच्छ घर बना सकता। और आज वही घर निर्जनता की अर्गला लगाए मूक खड़े थे! अकाल

ने उन पर अपनी जो वीभत्स छाया डाली थी, उसका धुँधलका अभी तक भी मानो कोनों में छिपा बैठा था।

मैं देख रहा था, जिनके शरीर में केवल हड्डियाँ शेष थीं, आज भी उनमें जीवित रहने का साहस था। अकाल आया, बीमारी आई और फिर दूसरे अकाल की गहरी आँधी भी क्षितिज पर सिर उठाने लगी है; किन्तु अविचलित हैं यह! किसलिए? इसीलिए न कि यह जनता किसी से भी दब नहीं सकती। एक दिन विजेताओं ने इन्हें कुचला था, आज भी मनुष्य का स्वार्थ और भीषण व्यापार इन्हें निचोड़ रहा है; किन्तु यह तो अभी तक अदम्य, अविजेय हैं!

बूढ़ा फिर कहने लगा। अब के उसका स्वर दृढ़ था, 'इस गाँव में आज घरों पर किसकी दृष्टि ठहरेगी, भैया? इधर देखो, वे जो छाया में सो रही हैं चुपचाप, वे मिट्टी की कच्ची क़ब्रें, गिनकर देख लो, अगर पाँच सौ से कम दिखाई पड़ें! और एक-एक में एक-एक ही आदमी दफ़नाया गया हो, यह भी कोई ज़रूरी बात नहीं है। यह है हम मुसलमानों की बात। और अगर तुम सुनना चाहते हो कि हिन्दू क्यों नहीं मरे, तो जाकर शीतलक्षा की धारा से पूछो कि क्यों तू शिद्धिरगंज के सैकड़ों किसानों को बहा ले गई, जिनकी हड्डियों तक का आज पता नहीं?'

और वह सहसा मुस्करा उठा। मैंने देखा और समझने की चेष्टा की। मृत्यु ने उसे विक्षुब्ध कर दिया था। उसने कहा, 'इस गाँव में क़रीब-क़रीब हर घर में मौत हो चुकी है। हज़ारों व्यक्ति मर चुके हैं; मगर सब तो नहीं मर सकते थे, और शायद सब नहीं मरेंगे; मगर कौन जाने, आगे क्या होगा?'

इस समय कुछ और लोग भी वहाँ इकट्ठे हो गए थे। रहमत, जो अपने ताने को एक दफ़ा ठोककर उठ आया था, आकर वहीं बैठ गया था। चर्चा चल पड़ी। रहमत कहने लगा, 'हाँ, काफ़ी लोग मर गए हैं।'

'तुम्हारे घर में कितने आदमी थे?'

'पच्चीस थे, जिनमें बीस मर गए। अब पाँच बाक़ी हैं।' और उसने अब्दुल के हाथ से हुक्का लेकर धुआँ उगलना शुरू कर दिया। बोला,

'यह मिल जाती है, भैया बस!' उसने तम्बाकू की ओर इशारा किया और मुस्करा उठा। पहले वृद्ध की वह क्षुब्ध आकृति अब कुछ दीन-सी हो गई थी—मानो पहले जो व्यक्तिगत दुख सजीव होकर चारों ओर हाहाकार कर उठा था, अब सामूहिक रूप में केवल साधारण-सा होकर चक्कर काटने लगा है। कुछ देर बाद रहमत ने एक लम्बी साँस छोड़ी और फिर गम्भीर भाव से कहा, 'आने दो, जो कुछ आएगा, उसे झेलेंगे।'

पगडंडी पर मरियल भुखमरे कुत्ते भूँक उठे, मानो रहमत की बात को समझकर उन्होंने उसका समर्थन किया हो। रहमत ने फिर कहा, 'उन दिनों तीस-चालीस आदमी रोज़ मरते थे। अकाल तो ख़त्म हो गया; मगर बीमारियों ने जो पकड़ा, तो उनसे अभी तक गला नहीं छूटा।'

डॉक्टर ने पूछा, 'क्या-क्या बीमारियाँ हैं यहाँ?'

रहमत बिना सोचे ही रटी हुई सी बात बतला गया, 'मलेरिया, बसन्त (चेचक) और चर्म-रोग।'

मैंने चारों ओर दृष्टि उठाकर देखा। लोगों के गालों की हड्डियाँ उभर आई थीं, आँखों में सूजी-सी ललाई छा रही थी, किसी-किसी के गले में सूजन थी। उन्हें लक्ष्य कर डॉक्टर ने मुझसे कहा, 'क़रीब-क़रीब सभी या तो मलेरिया के शिकार रह चुके हैं या अब भी मलेरिया-ग्रस्त हैं।'

एक चंचल लड़का कहने लगा, 'आपको अकाल की बात कुछ नहीं मालूम। यहाँ चावल किसी भी दाम पर नहीं मिलता था। तीन-साढ़े तीन सौ आदमी तो इस गाँव को छोड़ गए। भुखमरे नहीं, तो...।' और उसकी झंकारती हँसी एकबारगी ठिठुरती-सी फैल गई। उसकी बग़ल में एक लड़की खड़ी थी, कोई नौ-दस बरस की। वह बीच में ही बोल उठी, 'भूल गया न कि अभी भी कई भुखमरे हैं, जो यहाँ लंगरखाने में खा रहे हैं।'

सहसा रहमत ने कहा, 'अब्दुर्रहमान, आओ, इधर बैठो।'

अब्दुर्रहमान अभी आया ही था कि एक आदमी कह उठा, 'इसके घर में सोलह आदमी थे, जिनमें से यह अकेला बचा है।' अब्दुर्रहमान ने निराश नयनों से हमारी ओर देखकर कहा, 'क्या बताऊँ बाबू, अफ़सोस सिर्फ़ यह है कि अब घर भी नहीं रहा। रहमत के यहाँ पड़ा

रहकर इन्हें दुख देता हूँ।'

रहमत हँस पड़ा। वह बोला, 'क्या बात कहते हो, अब्दुर्रहमान? तुम तो एक आए हो; मगर और जो उन्नीस की जगह बाक़ी है...!' और सब हँस पड़े। इतने में सामने से घूँघट काढ़े एक स्त्री निकली। हठात् पूछ बैठा, 'रहमत, क्या तुम्हारे गाँव में स्त्रियों को अपनी इज़्ज़त बेचने पर भी उतारू होना पड़ा था?'

रहमत के मुँह पर एक काली छाया फैल उठी। उसने पल-भर कुछ नहीं कहा। फिर गम्भीर स्वर में कुछ सोचकर बोला, 'बाबू, बात तो बुरी है; मगर है सच। कुछ थीं ऐसी; मगर बुरा कहकर भी कितनी बुरी थीं वे, मैं नहीं जानता। कुछ कहते हैं कि जैसे इतने मरे, वे भी मर जातीं, तो हर्ज ही क्या था? पर मैं सोचता हूँ, मर जाना क्या सहज है? कोई क्या अपने-आप मर जाना चाहता है? ख़ैर, जाने दीजिए, इस बात को जाने ही दीजिए।'

अब्दुर्रहमान हर बार कह उठता था, 'क्या करेंगे हम? क्या, बताइए न?' उसके स्वर में अथाह निराशा और विवशता गूँज उठती थी। 'चावल का भाव अब भी 18 या 19 रुपए मन है। कहाँ से ख़रीदें हम? गाँव में अधिकांश अब भी एक वक़्त ही खाते हैं। और चावल ख़रीदनेवाले भी सब ही तो चावल नहीं खाते, कोई शकरकन्द के सहारे ही जी रहे हैं।'

'इतनी आमदनी नहीं, फिर बताओ,' रहमत कहने लगा, 'कोई कैसे ख़रीदे? अकाल ख़त्म हुआ ही कब, जो दूसरा शुरू होगा? हमने कच्ची क़ब्रों में कई लाशों को बिना क़फ़न में गाड़ दिया। आपको शायद मालूम न हो, हम मुसलमानों के यहाँ लाश को क़फ़न में बाँधकर गाड़ने का क़ायदा है। मगर क़ायदा क्या करे, जब ज़िन्दों के लिए भी कपड़ा नहीं है, तो मरों की क्या क़ीमत है, बाबू?'

उसका यह प्रश्न उसका अपना नहीं था। उसने अनजाने नहीं, जान-बूझकर ही उँगली उठाई थी, उधर, जिधर मनुष्य को नंगा रखकर मनुष्य ने अपने मुनाफ़ों के लिए बेशुमार कपड़ा तालों में बन्द कर रखा था, जहाँ वस्तु मनुष्य के लिए न होकर पैसे के लिए थी। कितना बड़ा

व्यंग्य और विद्रूप था यह कि आज कपड़ा बनानेवाले स्वयं नंगे थे!

हम लोग काफ़ी देर तक बैठ चुके थे। एक लड़का कह उठा, 'चलिए बाबू, गाँव देखिए।' और हम लोग उठे। वहाँ एकत्र हुए लोगों में से कुछ ने हमें प्रणाम किया, कुछ ने आशीर्वाद दिया और हम लोग चल दिए।

कहीं-कहीं क़ब्रें टूट गई थीं। सामने के दो घर बिलकुल टूट गए थे, उनके केवल चबूतरे बाक़ी थे। सामने एक गाय घास चर रही थी। पेड़ों की छाया में अनेक क़ब्रें सोई पड़ी थीं। लड़के ने कहा, 'यह है आदू मियाँ का घर। मर गया बेचारा। उसके घर में उन्नीस आदमी थे, अब कोई भी नहीं बचा है।' वायु सनसनाती हुई बह गई। आदू मियाँ यहाँ बैठकर हँसता था, आज उसका कोई पता नहीं। लड़के को घर का एक-एक प्राणी याद था—अभी कल ही की तो बात थी। मगर वह निर्विकार खड़ा था। मानवी भावनाएँ कितनी कठोर हो गई थीं! सहसा आगे चलकर वह एक क़ब्र पर खड़ा होकर कहने लगा, 'बाबू, यह मेरे बाप की क़ब्र है। बस, मैं इतनी क़ब्रों में से इसे पहचानता हूँ। वह मुझे बहुत प्यार करता था। सचमुच वह मेरे ही लिए मर गया।' लड़का कुछ ठिठुर गया। मैंने देखा, डॉक्टर चौंक उठा। वह मुझसे बोला, 'यह मुसलमान होकर क़ब्र पर खड़ा है? हमारे यहाँ तो ऐसा नहीं होता।'

भट्टाचार्यजी मुस्करा उठे। उन्होंने लड़के से वही प्रश्न दुहरा दिया। लड़का क्षण-भर चुप रहा। फिर हँस पड़ा, 'यहाँ तो सब ऐसा ही करते हैं, बाबू! कहीं पैर रखने की भी तो जगह नहीं है। कहाँ तक कोई क़ब्रों को बचाता हुआ, उनका चक्कर देकर चले? इतनी ताक़त है कितनों में?'

हम लोग आगे बढ़े। भट्टाचार्यजी एक आदमी से कुछ बातें करने लगे। वह आदमी कह उठा, 'गाँव-कमेटी के, यूनियन-बोर्ड के मेम्बर सब चोर हैं, चोर! कोई हमारी परवाह करता है? रिश्तेदारों को कारड देते हैं, अपनों को देते हैं; हमारी क्या पूछ...?' दूसरा आदमी चलते-चलते रुककर कह उठा, 'हममें एका नहीं है, वरना क्या मजाल कि वह अपनी मनमानी करें!'

तब तो बंगाल अभी जीवित है! आज भी वह अपना रास्ता खोज

निकालना जानता और चाहता है। भूख से व्याकुल होकर भी यह भारत का संस्कृति-जनक सिर झुकाने को तैयार नहीं है। आज भी वह इन सब आँधी-तूफ़ानों को झेलकर फिर से विराट् रूप में फूट निकलना चाहता है। सचमुच कोई इनका कुछ नहीं कर सकता। यदि जनता में चेतना है, तो इन्हें भूखों मारनेवाले नर-पिशाच नाज-चोरों का अन्त दूर नहीं है।

एकाएक लड़का एक झोंपड़े के पास पहुँचकर रुक गया। हमने देखा, भीतर कुछ जुलाहे साड़ियाँ बुन रहे थे। लड़के ने कहा, 'ढाके की साड़ियाँ प्रसिद्ध हैं न, बाबू! अब यही दो-चार घर रह गए हैं, और कुछ दिन बाद शायद...।' वह कहते-कहते चुप हो गया। जुलाहे काम छोड़कर हमारी ओर देख रहे थे। सामने ही एक औरत बैठी थी। वह विधवा थी। उसके घर के दस आदमी मर चुके थे—और सामने केवल तीन अनगढ़ क़ब्रें थीं।

अधिकांश घरों की टीनें उखड़ गई थीं। और न जाने कितनों ने भूख से लड़ने के लिए अपनी टीनें बेच दी थीं। भट्टाचार्यजी ने उँगली से दिखाते हुए कहा, 'वह सामने एक भद्रलोक का घर था। उसे भी टीन बेच देनी पड़ी, क्योंकि...।' सहसा वे रुक गए। बात पलटकर उन्होंने कहा, 'वे जो टीनें दिखाई दे रही हैं, उखड़ी-उखड़ी, इसकी वजह यह नहीं कि उनके मालिक उन्हें बेचना नहीं चाहते थे; मगर इसलिए कि उनमें इतनी ताक़त ही नहीं रही थी कि उठाकर उन्हें बाज़ार तक ले भी जाते और यही कारण है कि...।'

मैंने देखा, घर के चबूतरे के बीचोबीच एक क़ब्र थी। यह भी एक मनुष्य था, जो अपने घर का वक्षस्थल फाड़कर सो रहा था। फोड़ों की तरह वे क़ब्रें जगह-जगह सूजी हुई-सी दिखाई दे रही थीं।

धूप तेज़ हो चली थी। हम हाट में पहुँच गए थे। मछलियों की बू वातावरण को भेद रही थी। एक बूढ़ा व्याकुल-सा भागा जा रहा था। भट्टाचार्यजी ने बताया, 'उसे उस समय तीव्र ज्वर था, जिसके कारण उसका दिमाग़ ठीक नहीं था।' हाट के एक कोने में स्थानीय डॉक्टर की एक डिस्पेंसरी थी, छोटी-सी, ग़मगीन-सी। डॉक्टर के दिल में यह मुफ़्त दवाख़ाने खोले जाने की बात जमती नहीं थी। आख़िर वह फिर क्या

खाएगा? हमारे डॉक्टर ने उससे बातचीत की। उसके पास न कुनैन थी, न सिन्कोना; और गाँव में हर घर में मलेरिया का रोगी था, बच्चे की तिल्ली और जिगर बढ़े हुए थे।

दवाख़ाने के एक बेंच पर बैठा एक आदमी कह रहा था, 'हर एक चीज़ चोर-बाज़ार में है, हर एक चीज़ पर मुनाफ़ाख़ोरी हो रही है; कोई करे तो क्या करे?'

एक औरत, जो पास में खड़ी थी, कहने लगी, 'तुम डॉक्टर हो? पहले क्यों नहीं आए? जाने कितनी जानें बच जातीं! यहाँ एक सरकारी दवाख़ाना है जिसमें कोई ख़ास दवाई नहीं, मरीज़ों की कोई खास तवज्जुह नहीं। कहाँ, ढाकेश्वरी मिल नं. 2 में तुम्हारा दवाख़ाना है? अब वहीं आएँगे कल से; चार-पाँच मिल तो है ही...।'

उस समय उस औरत की बात की अनसुनी करके ख़ैराती अस्पताल का असिस्टेंट डॉक्टर मुझसे कह रहा था, 'हमने 75 फ़ीसदी आदमियों की हालत सुधार दी है...।' भट्टाचार्यजी मुस्करा रहे थे। एक ओर हमारे शासक बोल रहे थे, दूसरी ओर वही बात जनता कह रही थी। सामने अनेक जर्जर रोगी खड़े प्रतीक्षा कर रहे थे—बुझी हुई आँखें, उभरी हुई पसलियाँ और वही भयानक चर्म-रोग!

यहाँ से हम लंगरख़ानों की ओर चल दिए। लंगरख़ाने और जगह बन्द हो गए हैं, किन्तु यहाँ अभी तक खुले हैं। खुले हुए मैदान में, पेड़ों की छाया में, तीन भट्ठियाँ खुदी हैं। एक बड़ों का लंगरख़ाना है, जहाँ खिचड़ी बँटती है। क़रीब सौ आदमी आज भी उसी पर पलते हैं। मैली-कुचैली औरतों के जमघट में कुछ बैठी चूल्हा फूँक रही थीं। एक औरत ने बताया कि बच्चों के दो लंगरख़ाने हैं—एक हिन्दू, एक मुसलमान। दोनों में सौ-सौ बच्चे खाते हैं। साढ़े सात सेर खिचड़ी बँटती है और कुछ मछली, बस इतना ही। किसी तरह लोग जी भर रहे हैं। भट्टाचार्यजी ने बताया कि फ्रेंड्स एम्बूलेंस यूनिट इन्हें चला रहा है।

मैं और भट्टाचार्यजी आगे चल पड़े। फिर हम दोनों एक पेड़ के नीचे बैठ गए। भट्टाचार्यजी कहने लगे, 'तुमने देखा, साढ़े सात सेर? सौ में कितना पड़ा?'

सामने भट्ठी में से धुआँ निकलकर ऊपर घुमड़ रहा था। आज सारा बंगाल महानाश की आग पर लटका भुन रहा है और चारों ओर से राक्षस मानो उसे चबा जाना चाहते हैं। इतने में डॉक्टर आ गया। उसके साथ एक औरत थी, जो रो रही थी। मुझे बड़ा विस्मय हुआ। यहाँ लोग अभी तक रो सकते हैं! तब तो इनमें हृदय है। वह कह रही थी, 'दवाख़ाना लेकर अब आए हो? पहले आते, तो मेरे बच्चे तो बच जाते...!' अरे, वह माँ थी। उसके छह बच्चे मर गए थे और सिर्फ़ दो बचे थे।

'मैं अब यहीं लंगरख़ाने में काम करती हूँ, किसी तरह पेट भर जाता है। भीख नहीं माँगी जाती, बाबू...!' और वह फिर रो पड़ी, 'मेरे बच्चे...!' दिल कड़ा कर हम लोग वहाँ से चल दिए। वह आँखों में आँसू-भरे हमें शत-शत आशीर्वाद देती सी ज्यों की त्यों खड़ी रही।

खेतों में क़ब्रें चुपचाप उदास-सी सोई पड़ी थीं, जिन्हें चिथड़ों में लिपटा एक बुड्ढा एक पेड़ की छाया में बैठा विरक्त भाव से देख रहा था। एक टूटी-सी दीवार में तीन आले अब भी खड़े थे; मगर घर नहीं थे। आठों घर विध्वस्त पड़े थे। उनके सामने बराबर-बराबर में तीस क़ब्रें पड़ी थीं और एक नवयुवक, जो देखने में बूढ़ा लगता था, उनकी ओर देख-देखकर मुस्करा रहा था। वे सब एक दिन जुलाहों के घर थे; पर अकाल के ताने और बीमारियों के बाने ने सहसा उनके जीवन-व्यापार का अन्त कर दिया था।

'दिन में नहीं, दिन में नहीं, रात को,' भट्टाचार्यजी कहने लगे, 'गाँव में क़ब्रिस्तान की-सी छायाएँ नाचने लगती हैं। शिद्धिरगंज कभी भी नहीं भूलेगा कि एक दिन आदमी के बनाए अकाल ने उसका सत्यानाश कर दिया था। जो आदमी अपनी हड्डियों से—दधीचि की हड्डियों से—यह अमर कथा लिख गए हैं, बंगाल उनकी ज्वलन्त स्मृति को कभी नहीं भुलाएगा।'

मेरे मुँह से हठात् निकल गया, 'उसे हिन्दुस्तान कभी नहीं भुलाएगा भट्टाचार्यजी, मानवता उसे कभी नहीं भुला सकेगी।'

डॉक्टर आगे-आगे चल रहा था। हम लोग लौट रहे थे। नदी की पतली धारा में कुछ नंगे लड़के नहा रहे थे, जिनकी पतली हड्डियों से

टकराकर छोटी-छोटी लहरें मानो निराश-उदास लौट जाती थीं। उन्होंने हमें देखा और समवेत स्वर से चिल्ला उठे, 'इन्क़लाब ज़िन्दाबाद! इन्क़लाब ज़िन्दाबाद!!'

गर्व से मेरी छाती फूल उठी। कौन कहता है कि बंगाल मर गया है? जहाँ भूख और बीमारियों से लड़कर भी मनुष्यों के बालकों में क्रान्ति को चिरजीवी रखने का अपराजित साहस है, वह राष्ट्र कभी भी नहीं मर सकेगा। हड्डी-हड्डी से लड़नेवाले यह योद्धा जीवन की महान् शक्ति को अभी तक अपने में जीवित रख सके हैं। संसार कहता है, स्टालिनग्राड में लोग खँडहरों में से लड़े थे और उन्होंने दुश्मन के दाँत खट्टे कर दिए। उन्होंने बर्बरता की धारा को रोककर रूस को ग़ुलाम होने से बचा दिया। किन्तु मैं पूछता हूँ, क्या शिद्धिरगंज दूसरा स्टालिनग्राड नहीं? मनुष्य भूख से तड़प-तड़पकर यहाँ जान दे चुके हैं, वे भीषण रोगों का शिकार हो चुके हैं, उनके घर खँडहर हो गए हैं, क़ब्रों से ज़मीन ढँक गई है, नदियों में लाशों की सड़ायँध एक दिन दूर-दूर तक फैल गई थी; किन्तु मनुष्य का साहस जीवित है। आज भी बंगाल के बच्चे क्रान्ति को नहीं भूले हैं। क्या इन योद्धाओं ने भारतीय संस्कृति की जड़ों पर होनेवाले आघात को सहकर आज संसार को यह नहीं दिखला दिया कि जनशक्ति कभी पराजित नहीं हो सकती, वह कभी मर नहीं सकती? जब फ़ासिस्टवाद से भी बर्बर नर-पिशाच मुनाफ़ाख़ोरों ने नाज पर बैठकर ज़हर उगला, कपड़ा-चोरों ने उनकी बहू-बेटियों को निर्लज्ज होने दिया, तब भी क्या इन्होंने सिर झुकाया? नहीं, ये वीरों की तरह लड़े हैं। आज शिद्धिरगंज की पृथ्वी शहीदों के मज़ारों से ढँक गई है। युग-युग तक संसार को याद रखना पड़ेगा कि एक दिन मनुष्य के स्वार्थ और असाम्य के कारण, ग़ुलामी और साम्राज्यवादी शासन के कारण, बंगाल जैसी शस्य-श्यामला भूमि में भी मनुष्य को भूख से दम तोड़ना पड़ा था? और लोगों ने उसे पूरी शक्ति से इसलिए झेला था कि मानवता जीवित रहना चाहती थी। उसे कोई मिटा नहीं सकता।

आज अकाल का वह पहला भीषण स्वरूप समाप्त हो चुका है। किन्तु रोगों की वर्षा-आँधी के बाद प्रलय उमड़ा रही है। और इस समय

भी लोग कहते हैं–बंगाल का अकाल समाप्त हो चुका है। पर आज यह कुछ नहीं तो भी महामरण का भीषण नृत्य है। जब हम लोग शिद्धिरगंज से लौट रहे थे, शीतलक्षा की प्रशान्त धारा में नहाता हुआ एक आदमी गा रहा था–

'सोनार बाँगला होलो शोशान, एक साथे सबे चल।'

उसका यह स्वर दूर-दूर तक लहरों पर फैल उठता था।

तूफ़ान के विजेता

तुमने पूछा है, बंगाल की अब क्या हालत है? एक-दो लफ़्ज़ों में पूरी बात ख़त्म हो जाए, ऐसे 'अथ-इति' में कहकर बात समाप्त कर देने की सामर्थ्य मुझमें नहीं है। कहने को तो बहुत है। आख़िर क्या-क्या सुनाऊँ?

मैं तुमसे कहूँ कि भुँइयापाड़ा गाँव में 300 में से 150 मर गए। तो क्या तुम कुछ समझ सकीं? दुनिया में दो अरब आदमी हैं। कह देने से क्या तुम्हारे दिमाग़ में कुछ चित्र बैठता है? शायद एक के बाद अनेक बिन्दी और कुछ नहीं। मलेरिया, कालाज़ार, हैज़ा, चेचक...मैं पूरी मैटीरिया मेडिका सामने रख दूँ। तुम कुछ अन्दाज़ नहीं कर सकतीं। मृत्यु का चित्र एक कठिन वस्तु है। 35-40 रुपए महीने की तनख़ाह के लोभ में किसान खेत बेचने के बाद मिल के मज़दूर हो गए हैं, क्योंकि चावल एक मन 19 या 20 रुपए का मिलता है। दोनों बातों से जीवन की कठिनता समझ लेना कठिन ही है। सुना किसने नहीं कि लड़ाई के मैदान में बम फटते हैं, गोली चलती है, मगर समझ में तब आता है जब वाक़ई सामने बन्दूक़ उठती है।

एक औरत थी। बीमार रहते-रहते हाथ में लक़वा मार गया। उसने दवा नसीब न होने के कारण अपने ऊपर झाड़-फूँक करवा ली। और जिस तरह लौकी फूल जाती है अपने-आप कुछ दिन बाद पैर भी सूज गया। हर बच्चे का पेट फूला हुआ है, हर क़दम पर तालाबों में मच्छर हैं, हर बुढ़िया ऊटपटाँग बात नहीं करती, हर कोई डर के कारण टीका नहीं लगवाता।

तूफ़ान के विजेता

ग्राम में घनी छाया है। पतली पगडंडियाँ हैं। तालों पर काई जम गई है। कई सड़ रहे हैं। दस हज़ार आदमियों का प्रतीक एक हड्डी का लड़का है। सूखा-सा, डरा हुआ। लोग गन्दे हैं, मैले हैं, ग़रीब हैं, नंगे हैं...बदन पर छाजन है, वह मर रहे हैं ताक़त नहीं है।

अच्छा एक बात बताओ, क्या तुम समझीं? तुमने उस व्यथा को कितना समझा? व्यथा की छाया-भर दिखाई जा सकती है। पढ़कर पूरी भावना का प्रतिबिम्ब ग्रहण नहीं किया जा सकता।

उस दिन शाम को मज़दूर-क्वार्टर्स में बैठा हुआ मैं कुछ सोच रहा था। एक मज़दूर ने कहा, 'कुछ क्रान्तिकारी आए हैं।' मैंने सुना। कुछ समझ नहीं सका। फिर भी उत्सुकता नहीं दबी। मैंने कहा, 'चलो भाई, देख आएँ।'

एक कमरे में हम जाकर देखते हैं कि पूरी मीटिंग हो रही है। एक महाशय ने मुझे चटाई पर बिठा लिया, बातचीत चलने लगी। हवा तेज़ चल रही थी। लैम्प का मन्दा-मन्दा प्रकाश था। घुँघराले बालोंवाला युवक कहने लगा, 'हमारी पार्टी भारत की क्रान्तिकारी सोशलिस्ट पार्टी है। हम कम्यूनिस्टों की तरह धोखा नहीं देते कि कांग्रेस की असलियत खोलने से हट जाएँ। परवाह नहीं सुशील घोष और निखिलदास जेल में हैं, हम अपना काम करते...।'

मेरा साथी मज़दूर मुझसे कान में कह उठा, 'यह सुशील घोष एक बार यूनियन का विरोध करने पर मज़दूरों से पीटा गया था।'

महाशय कहते जा रहे थे, 'भारत हमारे हाथ में नहीं है, अतः अपना कैसे हो सकता है? साम्राज्यवाद एक कीड़ा बनकर खड़ा है। जापान-जापान चिल्लाना हमारा काम नहीं है—जापान भारत पर हमला नहीं करेगा।'

कुछ देर बाद हम आपस में बात करने लगे। तुम तो जानती ही हो, परदेस में सबकी सुननी चाहिए। बातचीत होने लगी। बड़ी-बड़ी बातें सब करते हैं। उन्होंने एक सर्टिफ़िकेट दिखाया। एस.डी.ओ. ने उन्हें अच्छा काम करने की शाबाशी दी थी। अब सुना कि उन्होंने क्या काम किया!

सन्ध्या का समय था। अँधियारा अभी आकाश से पृथ्वी की ओर

ललचाई दृष्टि से देख रहा था। मैं साथी मज़दूर के साथ हरियाली में बिछी पगडंडियों पर चलता जा रहा था। कुछ दूर चलने पर घर नज़र आने लगे। 300 से कुछ अधिक घर। पहली बात जो दोस्त ने कही वह यह थी, 'लगभग 650 आदमियों में से भूख और बीमारी के कारण दो सौ मर चुके हैं। देखना, इसी गाँव के बारे में क्रान्तिकारी ने कहा था कि दशा अच्छी है।' कहते हुए उसकी भौं खिंच गई, किन्तु होंठों पर विद्रूप, शुष्क विद्रूप काँप उठा।

मछुओं का गाँव था वह। गाँव की माली (मछेरे) समिति का प्रधान, एक बूढ़ा आदमी है। आँखों में उदासी ने घर कर लिया है। वह एक नीला तहमद पहने है और गाँव के अधिकांश आदमी अर्द्धनग्न हैं। घर वैसे ही टूटे हैं, कोई-कोई बिलकुल नष्ट हो गए हैं, यहाँ तक कि बाँस तक बाक़ी नहीं हैं। हरी-हरी छायादार पगडंडियाँ केवल फूलों से लदे तालाबों के किनारे बसे नग्न घरों के पैरों को चूमती रहती हैं। अकाल के क्रोध ने घरों को बिलकुल मसल दिया है। एक ज़माना था जब आदमी उनमें बसते थे। वह मछेरे थे, किन्तु आज स्वयं मछलियों से निस्सहाय। एक घर में ताला लगा हुआ। सब मर गए, एक जो बचा वह कहीं चला गया। कोई नहीं जानता कि उस घर को अब कौन खोलेगा?

प्रधान कहने लगा, 'अब अधिकांश घरों को पालनेवाले ख़तम हो गए।'

पास बैठा वृद्ध नारियल पी रहा था। उसने मेरी ओर बढ़ा दिया। मैंने एक कश खींचा था कि बड़ा तेज़ लगा। मैं खाँसा। सब हँसे और दोस्त हो गए।

प्रधान कहता गया, 'औरतें और बच्चे रह गए हैं, किन्तु उनकी देखभाल करनेवाला कोई नहीं बचा है। बसन्त आया, हैज़े ने भी हमला किया, मगर लोहे की तरह पकड़ा सिर्फ़ मलेरिया ने। अकाल के समय यहाँ भुखमरे अवश्य आए थे। दस तो यहीं बस गए हैं, क्योंकि मिल में काम मिल गया है।'

एक बुढ़िया आ गई और उसने कुछ कहने का प्रयत्न किया।

आवाज़ भर्रा गई। प्रधान ने साँस खींचकर कहा, 'देखा न? ज्वर के बाद ही गला सूज जाता है और पानी तक नहीं जाता।'

साथी ने कहा, 'डॉक्टर आए हैं कुछ हिन्दुस्तान से, क्यों नहीं जाते वहाँ?'

'राम-राम! क्या कहते हो? एक वह बाबू है न? घुँघराले-से बाल हैं जिसके। उसके साथियों ने तो कहा है कि वह लोग सरकारी एजेंट हैं, एजेंट। हमें मारने आए हैं। सुना है कि लोगों में ताक़त तो है ही नहीं, जब मरमुखे हैं तभी अकाल है। अतः यह ऐसा टीका लगाते हैं कि सब ठीक हो गए।'

मज़दूर साथी होंठ चबा उठा। मुझे याद आया, एस.डी.ओ. ने सर्टिफ़िकेट दिया था।

मज़दूर गरज उठा, 'तुम्हें मुझ पर विश्वास नहीं है, दादा? क्या तुम आस्तीन का साँप नहीं पहचान सकते? अच्छा, इसी ज़हर की वजह से लोग दवाख़ाने नहीं पहुँचते। भेजो, माँ को भेजो...!'

'मगर माँ में क्या इतनी शक्ति है कि वह मील-भर भी चल सके? भैया, एक दिन डॉक्टर को गाँव में ही न भेज दो!'

उसके गले में द्राक्षा की माला हिल उठी—एक पतली लड़ी, एक मोटी। दूर आसमान में भूमि की हरियाली के ऊपर एक हवाई जहाज़ उड़ रहा था। वह मित्र-राष्ट्रों का जहाज़ था। जिस दिन यह भी नहीं होगा, उस दिन बंगाल की समस्त धरिणी हरी से लाल हो जाएगी।

बात चल पड़ी है तो मैं सुना ही न दूँ? वह क्रान्तिकारी देख लिये तुमने? अच्छा अब गाँव की हालत और सुनो, यह याद रखना कि यह गाँव मामूली तौर पर ख़तरे में है। सेवस्तोपोल के भयानक युद्ध भी साधारण हैं, कोई ख़ास बात नहीं, कहकर टाले जाते थे। इतना बड़ा अकाल बंगाल में आज कोई महत्त्व कहीं रखता। यह तो एक मामूली बात है।

नेपाल और कालचन्द तो मर गए किन्तु उनकी विधवा शेष हैं और दोनों भिखारिन हैं। एक गदबदी-सी। एक फुहर-फुहर-सी। दोनों के बच्चे हैं।

हम लोग उठकर नदी-तीर पर आए। शीतलक्षा की धारा पर स्टीमर सीटी दे रहे थे, नावें बह रही थीं, माँझी खे रहे थे। आकाश में स्टीमरों का धुआँ उमड़ रहा था।

हम लोग लौट आए।

डॉ. कुंटे जो डॉक्टरी जत्थे के लीडर थे, उन्होंने सुना और कहा, 'वाह भाई क्रान्तिकारी! और वह रोज़ बढ़ती हुई मरीज़ों की तादाद पर अधिक काम ही करते थे। सुबह-शाम, दवाओं की बू से बाँस का कमरा भरा रहता। पहली मिल के मैनेजर ने कोई इन्तज़ाम नहीं किया। अतः इस मिल में आए। यहाँ भी किया तो मिल के हेल्थ-अफ़सर ने नहीं, मज़दूरों ने।'

मारवाड़ियों तथा रामकृष्ण मिशन ने मदद दी थी, मगर गाँववालों के पास न कपड़ा ही उतना पहुँचा, न चावल ही। उसको जाने दो। हम भी उन्हें कुल दस जोड़े धोती ही दे सके। मगर हमें उन्होंने कहीं अधिक प्यार से देखा था।

अब कभी-कभी मुझे याद आती है, डॉक्टर आलू एक अजीब पत्ते के साथ पकाता था, दिन-भर के भूखे-से लड़के ललचाई आँखों से देखा करते थे, मज़दूर गप मारते थे...'साले मैनेजर की यह बात है, आपको हम कल दो आम लाकर देगा—चावल मिलता है आगरा में? एक ठो गीत तो गाइए आप।' खुद सुनाते, सुनते। वे कहते, 'शाम को एक घंटा ताश उड़े तो क्या हर्ज है!' खिड़की में से सर्राटे की हवा आती, लैम्प दीवाल के सहारे जलता रहता...हम पाँच या छह...तख़्तों पर बिस्तर बिछे ही रहते। कभी-कभी हँसी का क़हक़हा खिड़कियों में से निकल भागता और बाहर के अन्धकार में लय हो जाता।

उस दिन रात हो गई थी। एक आदमी ने आकर दरवाज़ा खटखटाया। वह घबराया हुआ था।

डॉक्टर का माथा ठनका। उसने ऊटपटाँग वहीं पर कुछ सीखी बंगाली में पूछा, 'क्या बात है?'

उसने कहा, 'आपकी दवा पिलाने से एक कार्यकर्ता—दवाख़ाने का कार्यकर्ता मज़दूर मर रहा है।' हाथ काँप गए। सूरज और कृपा का ताश

का खेल रुक गया।

लौटकर जब वे लोग आए, हवा और तेज़ हो गई थी, अँधियारे के काले कम्बल पर कुछ फ़र्क़ नहीं मालूम देता था।

हम लोग खाना खाने लगे। डॉक्टर का हाथ मुँह तक मुश्किल से जाता था। कहीं मर न जाए? वह एक कार्यकर्ता था। एक खुराक की जगह तीन खुराक पी गया था। वह भी कह देने पर भी, पानी मिलाने की सूझी ही नहीं उसे।

किसी ने फिर द्वार खटखटाया। डॉक्टर ने कहा, 'अन्दर आओ।' एक आदमी भीतर आया।

डॉक्टर ने धीरज से पूछा, 'क्या हाल है?'

'बेहोश है, सर फट रहा है।'

डॉक्टर फिर चिन्तामग्न हो गया। लड़के सहमे-से लेटे रोशनी की तरफ़ एकटक देख रहे थे। बदनामी का ही नहीं, किसी मौत का डर दिल में समा गया था। सच्चा डॉक्टर तब तक नहीं खाता, जब तक मरीज़ की ओर से उसे कुछ विश्वास न हो जाए।

रात इसी अन्देशे और शंका तथा सन्देह में आँखों में कट गई। सुबह मालूम हुआ, लड़का मरा नहीं। डॉक्टर ने जोश में आकर मेरे लिए सिगरेट का एक नया पैकेट मँगा ही तो दिया और बत्तख़ोंवाले ताल पर बने लकड़ी के पुल को लाँघकर दाढ़ीवाले नाई की चादर के पीछे के छोटे टी-स्टॉल में हम चाय पीने लगे।

इसी पर याद हो आया मुझे कि शाम को जब हमें विदा दी गई थी एक दिन तब मैनेजर के पीछे गुरखा ख़ुकरी लिये खड़ा था क्योंकि ज़माना ऐसा आ गया है कि मज़दूरों से वह सब डरने लगे हैं। उनकी आत्मा में तो कोई साहस होता ही नहीं। बात उसने शुरू की तो दूसरी मिल की बुराई से। कौन जाने अकाल, बीमारी, नाज-चोरी, परदेशी सरकार का निकम्मापन, देश पर जापानी हमले का ख़तरा—इस सबका कौन ज़रा भी ख़याल हो सकता था वहाँ बात से? जब वह बैठ गया तो किसी मज़दूर ने पीछे से कहा—उसके स्वर में व्यंग्य था, 'अरे, कोई भी ताली नहीं बजाता?'

बार-बार नया लगनेवाला गाना, 'सोनार बांगला होलो शोशान' फिर गाया गया। बात यह है कि उनको देखने पर यही गाना अच्छा लगता है। कितने निराश थे कई तो उनमें से! एक ने दवाई माँगी। डॉक्टर ने कहा, 'भाई, तुम तो दूसरे मिल में हो, वहाँ से क्यों नहीं लेते?'

वह बोला, 'वहाँ अच्छी दवा नहीं मिलती, आप न देंगे तो न सही। जहाँ पाँच मरे वहाँ दो और सही। क्या कोई बहुत बड़ी बात होगी?' और उसी समय एक दूसरा आदमी बहिन के लिए लिखा पर्चा सामने रख उठा। डॉक्टर ने कहा, 'तुमने कहा था, आज अपने भाई को लाओगे। अरे, लाए नहीं तो बीमारी बताकर दवा तो ले जाओ।' वह हँस पड़ा। उसने कहा, 'अरे, वह तो मर गया कल रात।' जैसे कोई चिड़िया मर गई, या कोई कबूतर...!

कम्पाउंडर मजूमदार ने आवाज़ दी, 'हरिबाला...नं...' और सब काम दिन-दिन बढ़ता जा रहा था।

'मेडिकल स्क्वाड ज़िन्दाबाद', 'डॉक्टर कुंटे ज़िन्दाबाद' की आवाज़ों से मज़दूरों ने एक दिन आसमान गुँजा दिया था। मैं सोचता हूँ, कौन है यह कुंटे? कल जेल में था, कौन जानता था इसे? क्या यह मिल-मैनेजर का अतिथि होकर नहीं आ सकता था यहाँ? लोग जिसे सुख कहते हैं। वह क्या इसे नहीं मिल पाते? किन्तु क्या कोई चाहता तब कि डॉक्टर अधिक जीवित रहे? जो जनता के काम आता है वही मनुष्य है और मनुष्य जब स्वार्थ के परे लोक-कल्याण का प्रतीक हो जाता है तभी लोग उसे पसन्द करते हैं।

नारायणगंज से हम चार मील दूर रहते थे। उस दिन सोचा, कुनैन ले आएँ। अतः नारायणगंज पहुँचे। शाम को लौटते वक़्त अँधेरा हो चला था। छोटे बाज़ार में हलचल थी, ऐसी जैसी फ़िरोजाबाद वग़ैरह में होती है, या जैसी समझो बम्बईवालों को आगरे की लगती होगी। नदी के तीर पर नावें एक बग़ल में एक लगी हुई थीं।

हवा बहुत तेज़ चल रही थी। नदी फुफकार रही थी। अँधेरा जैसे थपेड़ा बनकर लहरों पर बज उठता था। लहरें मचल उठती थीं। तीर के नरकुल अन्धकार में बुझे हुए थे। केवल अन्धकार, और कुछ नहीं,

न नदी पर ग्लेशियर जैसे स्टीमर दिखते थे, न मिलों की चिमनियाँ। सुदूर, बहुत दूर जलनेवाली एक लाल रोशनी–अन्धकार पर घायल बंगाल का ख़ून बनकर चमक रही थी। और कुछ भी दिखाई नहीं पड़ता था।

हम लोग नाव पर बैठ गए। माँझी के लड़के ने नाव को खोलकर धकेल दिया। नाव पानी पर उछलने लगी, जैसे मतवाली औरत का वक्ष जोबन में कसे रहने पर भी छलक उठता है।

डॉक्टर से बातें होने लगीं।

कोटनीस चीन के लिए डॉक्टरी जत्थे में गया था। वह डॉक्टर के साथ पढ़ा था। एक ही लगन का आदमी था वह। वहाँ ज़्यादा काम करने के कारण मर गया। पैंतालीस करोड़ के राष्ट्र को चालीस करोड़ के राष्ट्र से एक अकेले कोटनीस की मृत्यु ने एक गाँठ में बाँध दिया। बाँध न सका जो हर्षवर्द्धन का ह्वेन सांग को दिया गया आतिथ्य, जो जवाहरलाल के हवाई जहाज़ हवा के तारों से न जगा सके। एक भारतीय की मिट्टी चीन में दब गई। उस पर उगे फूल...!

वह आज़ादी के फूल हैं, भ्रातृत्व के फूल हैं।

चीन पर भारत का झंडा उड़ रहा है। चू-तेह गद्गद हैं, चांग-काई-शेक की आँखें तरल हैं। होनान गूँज रहा है...कोटनीस ने अपना बलिदान दे दिया है। वह उनके ख़िलाफ़ लड़ रहा था जिन्होंने चीन को बर्बरता के पैरों से कुचल देना चाहा, जिनकी भीषण छाया भारत पर पड़ने लगी है...।

डॉक्टर ने माँझी से कहा, 'हम भी खेएँगे, माँझी।'

माँझी ने कहा, 'कौन डॉक्टर हो आप? लेओ?'

डॉक्टर खेने लगा। एक तरफ़ माँझी का लड़का–एक तरफ़ डॉक्टर।

नाव का एक और यात्री गाने लगा, 'हे विपिन के पांथ, कहाँ रास्ता भूलकर भटक रहे हो? देखो रात अँधेरी है, आकाश पृथ्वी पर सिर टेक रहा है, रात में पवन साँप-सा गड़ेड़ी मारकर फन फुफकार रहा है...।'

डॉक्टर हँसने लगा। हवा और तेज़ हो गई। नाव बहुत ज़ोर से हिलने लगी। माँझी का लड़का दूने वगे से पतवार दाबने लगा। फेन

कटने की आवाज़ आ रही थी।

माँझी की पुकार पहरों पर झल्ला उठी, 'पाल गिरा दे पाल!' लड़का जल्दी से ऊपर चढ़ गया और पाल खोलकर गिराने में व्यस्त हो गया। माँझी स्वयं खेने लगा। कर्णधार आ गया था। रह-रहकर उसकी आवाज़ गूँज उठती थी। माँझी हँसा–बोला, 'डॉक्टर, लड़के को दे दो पतवार!'

डॉक्टर ने पतवार लड़के को थमा दी। बाप और बेटा खेने लगे। ऐसा लगता था जैसे नाव डूब जाएगी। अन्धकार के कारण चारों ओर पानी ही पानी दिखाई देता था। डूब जाएगी नाव–डॉक्टर...कोटनीस... मैं चकरा गया...सुदूर डॉक्टर की पत्नी...और मेरी माँ...एक-एक कर घर के सब लोग आँखों के सामने घूम गए... घूम गए वह जो अपने प्यारे थे...मौत...मौत...!

एकाएक माँझी ज़ोर से चिल्ला उठा, 'तूफ़ान...!'

मैं निस्तब्ध बैठा रहा। डॉक्टर बैठा था, जैसे होगी सो देखी जाएगी। किन्तु माँझी का स्वर गूँज उठा, 'डॉक्टर, डरना नहीं। यह पहला तूफ़ान नहीं है।'

गानेवाले यात्री ने कहा, 'मैं नहीं डरता। जब तक माँझी बैठा है तब तक कोई चिन्ता नहीं। माँझी अन्तिम दम तक नहीं उठता।'

'मुझे क्षण-भर मृत्यु का भय नहीं है।' कौन बोल उठा है, यह मृत्युंजय अभय रागिनी। युगान्तर से बंगाल का दलित मानव पतित नहीं हुआ। अपराजित मानव की हुंकार उठी। चंडीदास की वह पुकार–सबार उपरे मानुष सत्य, ताहार उपरे नाइ...माँझी का धर्म है अपने ऊपर निर्भर रहनेवालों को अपने से पहले बचाना। जब उसका जीवन ख़तरे में था, किसी ने नहीं बचाया उसे; किन्तु आज वह जीवन की बाज़ी लगाए, दाँव पर खेल रहा है। कौन हैं हम उसके? माँ...पिता...मेरे हैं–माँझी भी मेरा है। बंगाल की मानवता मेरी है।

तूफ़ान में नाव नौ-नौ फ़ीट उछल रही थी। सहसा माँझी खड़ा हो गया।

हम सब भी एकदम खड़े हो गए। मृत्यु...मृत्यु...निस्तब्ध, शंकित हृदय...घुटन...अर्द्धभय...स्मृतियाँ...!

माँझी ने जल्दी से लड़के से कुछ कहा। लड़के के मुँह से हर्ष का चीत्कार फूट निकला। वह तूफ़ान में नदी में कूद पड़ा और पूरा बल लगाकर एक ओर नाव को खींचता हुआ तैरने लगा।

क्षण-भर बाद ही हम एक स्टीमर के पीछे थे। नाव किनारे से टकराई। पानी यहाँ बिलकुल शान्त था।

उस दिन मैंने कहा, बंगाल की नाव में हाथ कितने ही लगें, किन्तु बंगाल के भीषण तूफ़ान में फँसी मानवता की नाव को बंगाल का बालक ही बचा सकता है। उसके पीछे सदियों की संस्कृति है—अक्षय, महान्...!

तट पर अन्धकार में भी जीवन मुस्करा उठा था।

अन्धकार

जब रात हो गई, तो नियमानुसार मज़दूर अपनी गप्पें सुनाने लगे। डॉक्टर कुंटे आज बैंगन की तरकारी बना रहे थे। स्टोव की आवाज़ कमरे में भर्र-भर्र करती गूँज रही थी। हवा का तेज़ झोंका एक खिड़की से आकर दूसरी खिड़की से निकल जाता था। लैम्प कभी-कभी भकभक करने लगता, और जगदीश और कृपा शतरंज की बाज़ी से सिर उठाकर देखने लगते। जगदीश को अपने शरीर के मांसलपन का गर्व था तो कृपा को अपने शरीर के गठीलेपन का। और मज़दूरों को गर्व था दिन-भर की थकान के बाद मनोरंजन करने के लिए डॉक्टरों को शतरंज लाकर देने का। रोशनी थोड़ी देर तक काँपती रही। फिर सब पर ही स्टोव का घोष छा गया।

नौ बजे सब मज़दूर चले गए। सूरज कहने लगा, 'लिख लिया तुमने?' और उत्तर की प्रतीक्षा किए बिना ही लैम्प की ओर देखकर फिर बोला, 'पढ़ सकोगे?'

बाहर सनसनाती हवा चल रही थी। आकाश में तारे टिमटिमा रहे थे।

'हो गया,' कहकर डॉक्टर ने स्टोव बुझा दिया।

कमरे में नीरवता छा गई। सन्नाटा खिड़की से आती-जाती हवा से टकरा उठा। लैम्प ने फिर किया—भक-भक! मैं निस्तब्ध बैठा रहा।

रात का गहरा अन्धकार नीरवता से हिलमिलकर नृत्य कर रहा था। दो युवक जल्दी-जल्दी बढ़े आ रहे थे। एक के हाथ में दवाओं का बैग था। गले में फन झुकाए साँप की तरह 'स्टेथस्कोप' लिपटा हुआ था,

जिसकी भीतरी निस्तब्धता में मनुष्य के हृदय की धड़कन कानों के अन्दरूनी पर्दों पर बज उठती है। और तब लगता है, मानो अनबूझ झटकों से एक सत्ता दूसरी से कह रही हो, 'क्या अब भी नहीं जान पाते कि मैं जीवित हूँ?'

डॉक्टर धीरे-धीरे साँस ले रहा था। उसका साथी चिन्ता में डूबा हुआ था। कभी वह डॉक्टर को देखता था, कभी अपने पथ को। रह-रहकर वह कह उठता था, 'डॉक्टर, थक गए?'

डॉक्टर मन-ही-मन परेशान था। इस व्यक्ति ने कहा था, 'थोड़ी ही दूर चलना पड़ेगा, डॉक्टर! वहाँ सोनारगाँव परगने के गाँवों में आदमी बुरी तरह मर रहे हैं। आज अकाल के बाद बीमारियों में वे पिस्सू-ग्रस्त चूहों की तरह बिलबिला रहे हैं...।' और उस व्यक्ति के स्वर में न दया की याचना थी, न करुणा का कम्प!

पाँच मील चल चुके हैं। किन्तु अभी पथ का अन्त नहीं है।

और दोनों चलते रहे। अन्धकार में कुछ आवाजें काँप रही थीं। पास में कहीं कराहें धीरे-धीरे फूट रही थीं, जैसे खँडहर में बैठी कोई बूढ़ी सिसक रही हो! करुण और कर्कश थीं वे कराहें।

वे स्वर जैसे पत्थर के टुकड़े थे, जिन्होंने डॉक्टर को घायल कर दिया।

ग्राम रात की कठोरता में जैसे बीभत्स प्रतिध्वनि बनकर आकाश को चुनौती दे रहा था। उस समय की बीतती रात का सूनापन हवा पर झूल रहा था। जानवरों की तरह गाँववाले अपनी झोंपड़ी में बन्द कराह रहे थे। उन्होंने यह कल्पना भी न की थी कि एक दिन कोई उनके जीवन पर करुणा दिखा सकेगा। एक साल की कठोर विषमताओं ने उन्हें यह विश्वास दिला दिया था कि संसार का सुख गहरा झूठ है, और मृत्यु के अतिरिक्त उनकी पहुँच किसी के पास नहीं हो सकती।

आकाश में हवाई जहाज़ नहीं थे, और न बम ही गिर रहे थे। किन्तु चारों तरफ़ आग दहक रही थी, जिससे लपटों की जगह कंकाल उठ रहे थे, जिसमें औरतों का सतीत्व भस्म हो रहा था। वह आग एक प्राचीन संस्कृति को भून रही थी।

धुँधले प्रकाश में सोनारगाँव ख़ास टिमटिमा रहा था। डॉक्टर के क़दम जल्दी-जल्दी उठने लगे। वायुमंडल उसाँसें भर रहा था। आकाश में पतला-सा चाँद चल रहा था—अँधेरे के व्यथित हृदय में कसकन पैदा करनेवाला एक काँटा! डॉक्टर का मन भारी हो गया।

पेड़ हिलते रहे। अँधेरा काँपता रहा। सोनारगाँव बियाबान-सा सिहर रहा था।

हवा सरसरा रही थी। अँधेरा चौकन्ना हो गया था। गाँव के प्रहरी कुत्ते अब सो रहे थे। तारे मन्द-मन्द झलमला रहे थे।

सोनारगाँव की छायाएँ सिमट रही थीं, फैल जाती थीं—सिमट रही थीं, फैल जाती थीं!

धीरे-धीरे रात बीत चली। डॉक्टर के साथ कुछ लड़के और लड़कियाँ उसकी मदद को तैयार होकर चल पड़े। एक चिड़िया एक पेड़ की फुनगी पर चहचहा रही थी। एक लड़के ने पूछा, 'आपका नाम क्या है, डॉक्टर?'

डॉक्टर ने शरमाते हुए कहा, 'सूरज।'

'सूरज!' उन लोगों ने दुहराया, सिर हिलाया और स्वीकृति के भाव से मुस्कराए।

बूढ़ा चौधरी अपने मरियल बैल पर, नैराश्य की मूर्ति बना, नारियल पीता हुआ हाथ फेर रहा था। उसने क़र्ज़ में अपनी सारी ज़मीन रेहन रख दी थी। एकमात्र स्नेह का प्रतीक, वही बूढ़ा बैल बाक़ी था। उसका वियोग उसके लिए असह्य था। लोग अपने-अपने कुटुम्बों के लिए चिन्तित थे, किन्तु वह अपनी हड्डियों का मोह छोड़कर उस पशु पर अपना सारा दुलार उँड़ेल रहा था। ख़ाली बर्तन से पानी की अन्तिम बूँदें टपक रही थीं! उसे किसी पर विश्वास नहीं था। वह किसी की सुनना नहीं चाहता था। डॉक्टर ने उदास दृष्टि से उसे देखा, और आगे बढ़ गया, क्योंकि किसी के भी प्रश्न का उसने उत्तर नहीं दिया, केवल शून्य दृष्टि से अपने सामने शून्य आकाश में जाने क्या खोजता रहा!

पेड़ों की घनी छाया में पगडंडी एक चबूतरे पर जाकर समाप्त हो गई, और ऊपर चढ़ने का इंगित करने लगी। डॉक्टर ने देखा, झोंपड़ी

का द्वार खुला था। आवाज़ देने पर भी कोई उत्तर नहीं मिला। डॉक्टर ने आगे बढ़कर झाँका। एक औरत भीतर बेहोश पड़ी थी। उसका बच्चा उसके चेचक से भरे शरीर पर लोट रहा था, रो रहा था। दाने पक गए थे। झोंपड़ी से बदबू आ रही थी। वह क़रीब-क़रीब नंगी थी। उसके पास कोई ख़ास कपड़ा भी नहीं था। भूमि पर केवल एक चटाई बिछी थी। और दीवार पर लक्ष्मी का एक चित्र टँगा था।

वालंटियर सफ़ाई करने लगे। डॉक्टर लक्ष्मी का चित्र देख रहा था, और उसकी नज़र उस दम-तोड़ती औरत पर रह-रहकर काँप उठती थी। हठात् उसके सूखे होंठों पर गहन वेदना कठोर हास्य बनकर फैल गई।

वह मशीन की तरह वेग से काम करने लगा। सोनारगाँव में धूल थी—केवल धूल!

वे गाँव-गाँव में घूमते रहे। हाहाकारों की गाथा की एक गूँज, जीवन-पृष्ठ पर मृत्यु की छाया! हैज़ा, मलेरिया, चेचक—मनुष्य के स्वास्थ्य पर व्याधियों का विकट प्रहार!

दिन की धूप ढल चली थी। चिड़ियाँ झुंड-के-झुंड बनकर लौट रही थीं। धूल की ऊपरी परत पर हवा की ठंडक लोट रही थी। सोनारगाँव टूटी बैलगाड़ी-सा पड़ा था, जिसके बैल मर चुके थे, और मनुष्य लुटे-से मृत्यु के भय से व्याकुल और त्रस्त केवल आकाश की ओर देख रहे थे, कहीं जाने को, जैसे कोई राह न थी!

गाँव के प्रतिष्ठित वयोवृद्ध मुखोपाध्याय उनका स्वागत करने को पथ पर निकल आए थे। आज सब उनकी सेवाओं की तारीफ़ करते थे। वृद्ध की आँखों में अँधेरा-सा छिपा बैठा था। घरों में कराहें गूँज रही थीं। बच्चों और औरतों का एक झुंड आकर सड़क पर बात कर रहा था। कच्चे पथ पर धूल उड़ रही थी। एक आदमी एक घर के बरामदे में बैठा एक मैले-से बर्तन में चावल दाल के साथ मिला-मिलाकर खा रहा था। उसके काले होंठों पर जब कभी चावल का दाना चिपक जाता, तो वह जीभ फिराकर उसे निगलने का जल्दी-जल्दी प्रयत्न करने लगता।

वृद्ध ने डॉक्टर को अतीव स्नेह से देखा। स्नेह से हाथ दबाते, काँपते हुए स्वर में उन्होंने कहा, 'आप बंगाल की करुणकथा सुनकर इतनी दूर

से मनुष्य-मात्र का उपकार करने आए हैं! परगने के 57 गाँवों में कोई भी ऐसी जगह नहीं है जहाँ लोग रोगों से पीड़ित न हों।' वह चुप हो गए।

डॉक्टर देखता रहा। उसने धीरे से कहा, 'गंगा न सही, एक कलसा जल ही सही! यदि सबको बचाना आज हमारी सामर्थ्य के बाहर है, तो क्या जो हम कर सकें, वह भी न करें?'

दिन के पाँव डाँवा-डोल हो रहे थे। डॉक्टर कहता रहा, 'इतने युवक-युवतियाँ एक दिन में ही मेरे साथ कितना काम सीख गए हैं। यदि इसी प्रकार संगठन किया जाए तो मुझे पूरी आशा है कि आप फिर रोगों तथा आपत्तियों से मुक्त हो जाएँगे!...आह! कैसी दारुण यातना है। सारा सामूहिक जीवन, समस्त समाज छिन्न-भिन्न हो रहा है...!'

डॉक्टर अभी अपनी बात समाप्त भी न कर पाया था कि वृद्ध मुखोपाध्याय के मुँह से एकाएक निकला, 'कलंकिनी!'

डॉक्टर चौंक उठा। वृद्ध सामने मुँह किए सहमे-से बैठे थे। उनके होंठ काँप रहे थे। एक छोटे-से झोंपड़े पर आग के तीर बनकर वृद्ध के नयन जमे हुए थे। एक स्त्री बाहर खड़ी हुई थी। घर के ऊपर पीछे टीन गिरते से लटक रहे थे। वृद्ध अपने धार्मिक भावों से उस नारी की सत्ता का मानो कोई सामंजस्य नहीं खोज सके। वह ज़मींदार थे। कल तक उन्होंने घर में चावल छिपाकर कहा था, कि वह बहुत दरिद्र हैं। किन्तु जब भीषण चेचक ने उनके एकमात्र पुत्र को निगल लिया, तो उनका आचरण बदल गया। तब लोगों ने विस्मय से देखा—वृद्ध पथ पर खड़े चावल बाँट रहे थे! चंडीचरण का कुल धन्य हो गया। अन्न-वितरण समिति के प्रधान कहकर वह संसार का भला करने को स्वार्थ त्यागकर बाहर आ गए। सूना-सूना-सा घर काटने को दौड़ता था। डॉक्टर के आने पर उन्हें विशेष सन्तोष था।

डॉक्टर ने देखा, सामने एक साँवली स्त्री मटमैली साड़ी पहने खड़ी थी। सिर के बाल खुले हुए थे। घर का बाहरी भाग मुँह खोले पड़ा था। बाँहों पर धूमिल काई-सी जम गई थी। भीतरी भाग में रखे हुए मिट्टी के कुछ मटके बाहर से दिखाई दे रहे थे। स्त्री के उदास मुख पर मुस्कान

थी जो वृद्ध के लिए असह्य थी। एक बार वह अपने-आप ही कह उठे, 'क्या वह गाँव का घोर अपमान नहीं है? क्या बंगाल की नारी का यही आदर्श है?' उन्होंने बाएँ पैर पर बैठे-ही-बैठे दो बार थपकी दी, और आँखों को संकुचित करके उस ओर देखा।

डॉक्टर वृद्ध मुखोपाध्याय का यह क्रोध समझ नहीं सका। उसने एक बार उस स्त्री की ओर देखा, और देखा फिर मुखोपाध्याय को, जिनके मुख पर ग्लानि नीरव, निस्पन्द जल रही थी।

डॉक्टर ने शंकित स्वर में पूछा, 'क्या हुआ? क्या बात है?'

वृद्ध ने केवल इतना ही कहा, 'एक उच्च कुल की लड़की है। अब वेश्या हो गई है!'

डॉक्टर ने सुना। वह कुछ न कह सका। उसने देखा—एक स्त्री धीरे-धीरे उसकी ओर आने लगी। इतने विरोध के बीच भी जैसे उसे उस उच्च कुल के गर्व की तनिक भी चिन्ता न थी। जाने क्या था डॉक्टर के मुख पर कि वह उसकी ओर चली आई, जैसे डूबता हुआ मनुष्य अगाध समुद्र में बहते लकड़ी के तख़्ते को देखकर समस्त बल से उस ओर हाथ-पैर पटकने लगता है, उस पर अपना पूरा भार छोड़ देने को, उस पर आश्रित होने को!

स्त्री सहसा पथ पर ठिठक गई। एक गन्दा, काला-सा चमार उसके पैरों पर गिरकर रोने लगा। स्त्री उससे कुछ बात करती रही, उसके शरीर को सहलाती रही। और उसने अपने शरीर की एकमात्र साड़ी का एक छोर फाड़कर उसके हाथ पर बाँध दिया। चमार रोता रहा। स्त्री भी अचानक रो उठी।

स्त्री फिर डॉक्टर की ओर बढ़ने लगी, जैसे कुछ नहीं हुआ। उसके मुख पर न गर्व की भावना थी, न दान के अहं की छलना। उसके नयनों में आँसू झलमला रहे थे। मानो उसे पूर्ण विश्वास था, वह जीवित रहना चाहती थी। अपने पाप को पाप समझने की भूल करना जैसे उसके लिए नितान्त असम्भव था। बच्चे धूल में खेल रहे थे। मुखोपाध्याय का मुँह घृणा, ग्लानि, दुख तथा क्रोध से प्रायः इन्द्रधनुष-सा हो गया। उनके मुख से केवल एक ही शब्द निकला, 'कुलटा!' जैसे किसी समय की अच्छी

बन्दूक़ आज न जाने क्यों केवल 'फुस' करके रह गई! गोली ने जैसे निकलने का साहस ही नहीं किया! और शत्रु पास आ गया था!

डॉक्टर ने स्त्री को देखा। अकाल और बीमारी के आघातों के कारण वह तीस वर्ष से अधिक की लगती थी, किन्तु डॉक्टर ने अन्दाज़ लगाया कि वह बीस वर्ष से अधिक की नहीं हो सकती। उसका उभार, मस्ती नहीं स्पन्दन नहीं, नारी होने का एक लक्षण मात्र था। वह उस दशा में न थी कि नारी होने के एहसास मात्र से ही पुरुष से सब-कुछ करवा लाती!

उसने डॉक्टर की ओर सूनी आँखों से देखकर कहा, 'आप ही हैं नए डॉक्टर बाबू?'

डॉक्टर ने पूछा, 'तुम कौन हो? क्या चाहती हो?'

स्त्री ने निर्मम भाव से कहा, 'मेरा पति बीमार है। वह मर रहा है। हो सके, तो उसे बचा लीजिए!'

मुखोपाध्याय पर जैसे वज्र गिरा। वह शमी वृक्ष की भाँति भीतर-ही-भीतर जल उठे। अदृश्य धुएँ की कालिमा उनको बीभत्स बना गई। उन्होंने धीमे स्वर में कहा, 'पति!' और घृणा और व्यंग्य के भाव उनके मुख पर नाच उठे।

नारी के नयन सूख गए थे, मानो वह चमार के दुख पर ही रो सकती थी, किन्तु अपने लिए रोकर दूसरों की करुणा बटोरना अपमान समझती थी। उसने दृढ़ स्वर में कहा, 'आप डॉक्टर हैं। समाज मुझे वेश्या कहता है। किन्तु क्या वेश्या के लिए आप कुछ नहीं करेंगे? यही आपका धर्म है?' उसने इस तरह कहा यह सब, जैसे घृणा से वह नहीं डरती।

डॉक्टर ने हँसकर कहा, 'मैं न तुम्हें वेश्या कहता हूँ, न तुमसे घृणा करता हूँ! मैंने तुमसे कब कहा कि मैं तुम्हारे पति को नहीं देखूँगा?'

ऐसा लगा, मानो वह स्त्री रो देगी। सहानुभूति के ताप से जैसे वह बर्फ़ अब पिघल जाएगी, जो आँधियों और तूफ़ानों में सदा पर्वत के ऊपर कठोर-से-कठोर होती गई थी। स्त्री ने एक बार भी मुखोपाध्याय की ओर प्रतिहिंसा से नहीं देखा। वृद्ध को वह अपनी बराबरी का नहीं

समझती थी। वृद्ध की अपेक्षा उसने अपने-आपको सदा ऊँचा ही समझा था। उसकी दृष्टि में कोमलता थी, क्योंकि इतने दिन बाद आज वह एक ऐसे मनुष्य के सामने खड़ी थी, जो भयानक स्वार्थ और भीषण रूढ़ि के मापदंड का सहारा नहीं ले रहा था!

डॉक्टर उसके साथ उसके घर की ओर चल पड़ा। वृद्ध मुखोपाध्याय की आँखों में क्रोध से पानी भर आया।

डॉक्टर ने देखा—चटाई पर एक कंकाल-सा व्यक्ति पड़ा मर रहा था। उसने सोचकर निश्चय किया—सेरेब्रल मलेरिया! अब दिमाग़ का डिलेरियम (सरसाम) थोड़ी देर बाद मौत के घाट उतार देगा!

उसने निराशा से सिर हिलाया। औरत मुस्करा उठी। बोली, 'नहीं बचेगा? कोई क्या करे? तुम कोई भगवान तो हो नहीं! तुम्हारा क्या कसूर है? मरे तो मर जाए! क्या कर सकती हूँ? छोड़ जाने का यह भी एक अच्छा तरीक़ा है!' और वह हँस पड़ी। उसकी हँसी में एक व्यथा के इतिहास का व्यंग्य छलछला आया और स्वर झनझनाकर बिखर गए।

डॉक्टर ने देखा—उसकी व्यथा भीतर-ही-भीतर घुमड़ रही है। यदि नहीं बरसेगी, तो शायद स्त्री पागल हो जाए। उसने अनजान बनकर कहा, 'रोना नहीं!'

'रोना!' वह फिर हँस पड़ी। 'कौन-सा मोह शेष है, कौन-सी लाज बची है, जिसके लिए रोऊँ? डॉक्टर बाबू, अपने ऊपर भी मैं आज नहीं रो सकती!' कुछ देर चुप रहकर वह फिर कहने लगी, 'डॉक्टर बाबू, मेरे बाबा नीलकंठ उस मुखोपाध्याय के बड़े मित्र थे। अकाल में जब उनका देहान्त हो गया, तो मेरे चाचा ने उनका स्थान लिया। मेरी एक बड़ी बहिन थी। उसका नाम था कल्याणी। जब हम लोगों के खाने का कोई सिलसिला नहीं रहा, तो चाचा की स्वीकृति से वह वेश्या-वृत्ति करने लगी, और कुछ दिन बाद भीषण रोगों का शिकार हो गई। चाचा ने डॉक्टर को बुलाया। जब बीमारियों का पता लगा, तो चाचा ने लज्जावश आत्महत्या कर ली। कुछ दिन बाद कल्याणी भूख से तड़पकर मर गई। गाँव उन दिनों ख़ाली हो रहा था, सड़क पर गाँव-गाँव के भुखमरे गुज़रते थे। कल्याणी का शव पड़ा रहा। उच्चकुल के अभिमानी लोगों में से कोई

भी उस रात को उसका शव उठाने नहीं आया। तब मैं भादों की अँधेरी रात में अकेली ही धीवरों की बस्ती में गई कि उनकी सहायता से शव का दाह कर दूँ। भूख से धीवर अधमरे हो रहे थे। वे एक-एक करके नहीं, समूह-के-समूह मर रहे थे। मैंने उनसे कहा। उन नीच जाति के लोगों ने मृतक पर आक्षेप करके शव उठाने से इनकार नहीं किया। वे आए और शव उठाकर नदी की ओर ले चले। शक्तिहीनता के कारण वे नदी तक न चल सके। पथ के पास ही एक ओर उन्हें शव फेंक देना पड़ा।

'जानते हो, मुखोपाध्याय ने क्या कहा था मुझसे उस दिन? कहा था उन्होंने–तू मर क्यों नहीं जाती? मन हुआ था उस दिन कि उनसे ज़हर माँगकर खा लूँ। मगर मेरा यह पाप था कि मैं डर गई। जो डरता है, वह कभी सुखी नहीं रहता! मैं उस दिन मर न सकी। और पाप की छाया में चलते-चलते स्वयं आज पाप की सजीव प्रतिमा बन गई हूँ! आज मैं पशुओं के बीच पशुता का गर्व कर सकती हूँ! तुम मनुष्य हो, तुम्हारे सामने वह अभिमान कैसे चलेगा? मैं नहीं रोऊँगी, डॉक्टर! तुम शायद मुझे समझ गए हो। तुम मुझसे घृणा नहीं करते न?' और उसने डॉक्टर की ओर करुण दृष्टि से देखा।

डॉक्टर ने कहा, 'बिलकुल नहीं! तुम अबला हो! और कर भी क्या सकती थीं?'

स्त्री हँस पड़ी। जैसे उसकी हँसी अथाह रुदन थी! उसने कहा, 'बहकाओ नहीं, डॉक्टर! तुम जाओ! रात हो चली है, मैं बदनाम हूँ। तुम्हारा मेरे पास अकेले रहना ठीक नहीं।'

डॉक्टर ने आश्वासन देते हुए कहा, 'डरो मत! मेरे लिए फ़िक्र न करो! जी हलका करने का यत्न करो!'

'जी हलका करूँ?' उसने बच्चों की तरह कहा, 'यह नहीं हो सकता, डॉक्टर! नहीं, यह नहीं हो सकता। सुनो, उसके बाद मैं घृणा से अन्धी हो गई। मैंने चार पति किए। पहला भाग गया, दूसरा भाग गया, तीसरा छोड़ गया, चौथा छोड़ रहा है।' उसने अपने हाथों में मुँह छिपा लिया और चीख़ उठी, 'नहीं-नहीं, डॉक्टर! मैं क्या करूँ? मुझे कोई क्षमा नहीं

करेगा अब! मैंने जीवित रहने के लिए पाप किया है! पाप किया है मैंने!'

डॉक्टर निस्तब्ध बैठा रहा। स्त्री फिर कहने लगी, 'भूख से उस दिन मैं पागल हो रही थी। सब मुझसे घृणा करते थे। मैंने पेट-भर अन्न पाने के लिए एक कमाऊ बदमाश को अपने पास रख लिया था। वह भाग गया। एक-एक कर सबने कमाकर खिलाया और सब छोड़ गए। मैं पापिन हूँ, डॉक्टर! अकाल ने मुझे पागल कर दिया था, किन्तु भीतर हृदय जलता रहा। अब भी जल रहा है हृदय। फिर भी मैं रो नहीं सकती, क्योंकि मैं अपने-आपको अब प्यार नहीं करती!...जीवित हूँ क्योंकि हूँ! दम्भ, छलना!...मरना नहीं चाहती, क्योंकि मरकर भी यह पाप समाप्त नहीं होगा...!'

अकाल और रोग बंगाल के वक्षस्थल पर डुगडुगी बजाकर पृथ्वी को कम्पित कर रहे थे। आकाश भूखों के हाहाकार से भर रहा था। जापानियों ने चीन में बलात्कार किए थे। यह बैठी थी बंगाल की नारी जिसके ऊपर किए गए अत्याचार हँस रहे थे। और आकाश में रौद्र अट्टहास गूँज रहा था!

स्त्री फिर कहने लगी, 'मैं मजबूर थी, डॉक्टर! मैं अबला थी। कहो, मैं क्या कर सकती थी? किन्तु यह भी जा रहा है अब। लाचार होकर जा रहा है। तीनों भी न जाते। अकाल में जब अपने पेट भरने को भी कुछ नहीं था, तो मुझे कहाँ से खिलाते? भाग गए बेचारे एक-एक करके।' स्त्री चुप हो गई।

मौत का-सा सन्नाटा छा गया। द्वार पर एक कंकाल जैसा भिखारी आकर खड़ा हो गया। स्त्री ने देखा। वह कुछ न बोली, मानिनी-सी बैठी रही।

डॉक्टर ने कहा, 'कौन हो तुम?'

भिखारी स्त्री से कहने लगा, 'माँ, कुछ भीख दे दो। देखो, मैंने कभी भी अच्छा काम नहीं किया! मैं पापी हूँ। अपना विश्वास कहीं छोड़ आया हूँ! मुझे डर लग रहा है।'

डॉक्टर ने स्त्री की ओर देखा। स्त्री कहने लगी, 'यह मेरा तीसरा पति था, जो मुझे छोड़कर भाग गया था! अब पागल हो गया है।' और

अब वह घुटनों के बीच सिर रख शून्य दृष्टि से पृथ्वी की ओर देखने लगी।

पागल चला गया। बीमार ज़ोर से कराहने लगा। स्त्री देखती रही। एकाएक एक ज़ोर की हिचकी आई, और बीमार के प्राण-पखेरू उड़ गए। स्त्री ज़ोर से चिल्ला उठी, 'डॉक्टर, अँधेरा छाया जा रहा है चारों ओर! मैं क्या करूँ, डॉक्टर? कौन उठाएगा इसे? दूर-दूर तक अँधेरा छाया जा रहा है!...यहाँ कौन है मेरा? क्या करूँ, डॉक्टर?' और वह फूट-फूटकर रो पड़ी।

डॉक्टर देख रहा था–देख रहा था। दूर, ऊपर सहानुभूतिहीन तारे निकल आए थे। नीरव, निर्मल अन्धकार झुकता आ रहा था पृथ्वी पर।

स्त्री रो रही थी–निस्सहाय, कलंकिनी, लाचार, अबला!

एक प्रेम-पत्र

मेरी...

आज मैं तुम्हें कुछ लिखने का प्रयत्न कर रहा हूँ। तुम पूछ सकती हो, अभी तक क्यों नहीं लिखा? मैं कह सकता हूँ, उस समय मैं तुमसे दूर नहीं था। तो क्या आज हममें कुछ अलगाव आ गया है? मैं यह भी नहीं जानता।

बहुत दिन हुए, हम अलग हुए थे। उसके बाद वह भिन्नता धीरे-धीरे मानसिक बनने लगी थी। लेकिन उसकी याद करना बेकार है। जब भीड़ से भरी कलकत्ते की गाड़ी में बैठे-बैठे ऊँघते में से जागकर मैंने बाहर देखा था—शस्य-श्यामला पर उषा की किरणें फूट रही थीं। दूर, सुदूर क्षितिज पर तुम तैर रही थीं, किन्तु वह स्वप्न एक भीषण झटके से टूट गया था। तुम कहोगी, मैं तुम्हें दूर जाते-जाते भूल चला था। मेरी अभागिन! तुमसे भी अधिक रूप देखा था मैंने। कंकालों की भीड़, काले-मैले मनुष्यों की काया सामने से गुज़र रही थी। उस समय तुम्हारा-मेरा प्रेम उस गोंद के समान लग रहा था जिसे सरकारी सेंसरवाले मामूली भाप से खोलकर पढ़ लेते हैं भीतर का पत्र और हम-तुम इसी धोखे में बने रहते हैं कि कोई कुछ जान नहीं पाया। परेशानी इतनी है कि तुम एक सत्ता हो, और दुनिया की अन्य सत्ताओं से मैंने तुममें कुछ फ़र्क़ बना लिया है। कलकत्ते की विराट् अट्टालिकाओं में रहनेवाले अपने पड़ोसियों को भी नहीं जानते और हमें यही भ्रम है कि हम-तुम एक-दूसरे को जानते हैं।

आज मैं चाहता हूँ कि तुम्हें कुछ सुना दूँ। अपने बारे में कहना तो

गीत गाना है—अच्छा या बुरा। मैं क्या समझूँ! किन्तु तुमने जो कहा, बस वही तो न? मैंने तुम्हें सदा संसार के सबसे बड़े आलोचक के रूप में लिया है, क्योंकि तुमसे जिरह करने की कोई गुंजाइश ही नहीं रही है। सच, तुम मुझसे कहीं अधिक चतुर होने का दिखावा-भर तो कर ही सकती हो।

और कल जब मैं तुमसे बहुत दूर था, जब शायद हमारे उधर की भीषण लू से त्रस्त तुम अँधेरे में छिपी लेटी होगी, या अपने 'उनसे' हँसकर बातें कर रही होगी, मैंने देखा जीवन...।

रेल चटगाँव की ओर चल पड़ी। मैं चुपचाप देख रहा था, राह के घर वीरान थे। रेल की खिड़की से ही बंगाल की भूमि सुन्दर लगती है, क्योंकि वह एक दौड़ है और दौड़ते वक़्त हम असलियत को पहचान नहीं सकते। किसी ने रेल में से केले का छिलका फेंका। दूर से दौड़ता हुआ एक बालक आया और उठाकर मुँह के पास ले गया। छिलके में कुछ न था, उसने निराश होकर छिलका फेंक दिया। मैं जानता हूँ, तुम इस समय गम्भीर हो गई होगी। किन्तु देखते-देखते मेरी छाती कड़ी हो गई है। मैं हँसता नहीं तो रोता भी नहीं। जैसे इस विराट् दुख में वह सब बेकार की बातें हैं, जिन्हें प्रेम की सूली-चढ़े बहुत गम्भीर समस्या कहते हैं।

फिर मैं तुम्हें भूल गया था, क्योंकि तुम 'एक अकिंचन' लगने लगी थीं।

रास्ते-भर मेरा हृदय विक्षुब्ध रहा। रेल हर स्टेशन पर रुक-रुककर बहुत धीरे-धीरे चल रही थी। स्टेशनों पर पानी नहीं, खाने को भी कुछ नहीं। छोटे-छोटे लड़के डलियों और टोकनियों में केले और आम लिये बेच रहे थे। एक केला दो आना, एक आम तीन आना। अफ़रीका के हब्शी योद्धा उन्हें ले-लेकर खा रहे थे। दोनों के हृदय में सन्देह था। छोटे-छोटे लड़के 'साब बख़्शीस, साब बख़्शीस' चिल्ला रहे थे। कोई मेरे मन को कचोट उठता था। हिन्दुस्तान के पूर्वी भाग के बच्चे अपरिचित विदेशियों से पैसों की भीख माँग रहे थे कि वे ज़िन्दा रह सकें। भूख ने मानो राष्ट्र का मान और अन्तर्राष्ट्रीय चालों का ध्यान तोड़ दिया था।

वह एक ही हाथ जानते थे जो पैसा दे सके, परवाह नहीं वह साथ में पैर से ठोकर मारता है या मुँह से गाली की क़ै होती है। वही हाथ उन्हें प्यारा है, जो ताँबे या चाँदी का टुकड़ा उनके बीच में डाल दे, जैसे कुत्तों के आगे रोटी का टुकड़ा फेंक दिया जाता है।

जाने दो! तुम अपनी रोमांटिक दुनिया में फँसी होगी, तुम अपने नारी-जीवन के अनन्त कर्तव्यों को सुलझा रही होगी अपने पति को प्रेम करने का प्रयत्न करके, और विस्मय नहीं तुम्हें कुछ दिन बाद इस ढोंग का पूरा विश्वास हो जाए। पिंजरे की चिड़िया का कौन विश्वास करे? मैं घर नहीं, दफ़्तर नहीं, रेल से ही प्रेम करने लगा हूँ। रेल, स्टीमर, रिक्शा, साइकिल-रिक्शा, विक्टोरिया, डिग्गी, नाव से या पैदल। फिर भी यह बंजारापन ही मुझे पसन्द है। मैं ऊबा नहीं हूँ। मेरा साथी डॉक्टर-विद्यार्थी सो रहा था। अब जागकर एक पश्चिमी से हिन्दी में बातें कर रहा है। वे दोनों कितने घुल-मिल गए हैं! परदेश में हैं न!

चटगाँव पास आने लगा है। फेनी पर ही सब लोग प्रायः उतरकर जा रहे हैं। इस डिब्बे में जैसे हम दो-तीन ही व्यक्ति हैं जो चटगाँव जा सकते हैं। बाक़ी अधिकांश डिब्बों में फ़ौजी हैं। स्टेशन पर देखा–कौन-सा रंग था, जिसका सिपाही न हो? फ़ौज, पड़ाव, डेरे, तम्बू, सूरत पर कठोरता, कर्तव्य, एक भेड़ कहूँ या एक भेड़िया? दोनों ही बातें हैं जैसे क्लियोपेट्रा के पैरों के नीचे भयानक चीता हो। जीवन से अत्यन्त प्रेम करते हैं वे। वेटिंगरूम में फ़ौजी ज़मीन पर लेटे थे। उनकी आँखों में अपने-अपने सुदूर देशों के स्वप्न थे। वे लड़ने आए थे। तुमने गोरों को भारत में कहीं और भी सड़कों पर लेटे देखा है?

राह में देखा, एक भिखारिन बैठी थी। उसके हाथ-पाँव सूज रहे थे। वह छोटा-सा फ़ौजी नगर था, ऊँचा, नीचा, पथरीला, पहाड़ी, अविश्वास का सूनापन मानो चारों ओर छाया था। फिर भी शस्त्रों की खड़खड़ाहट, जीवन के बीच थी जीवन की पुकार। और देखा–रंडीखाना। कानों पर बाल चिपकाए एक बैठे गालोंवाली नारी किसी गुरखे से हँस-हँसकर बातें कर रही थी। जैसे विवाह की बात तय होने पर प्रेमिका प्रेमी का दिल रखने को हँसकर बोलने का प्रयत्न करती है। समस्त वासना में मानो

वासना का चुम्बन गूँज उठा, ठीक वैसे ही जैसे रुपया खन्न करके गिरा हो। एक आलिंगन, जैसे नोटों की तह करके जेबों में रख लिया गया हो। एक बड़ी इमारत, जिसमें एक दिन लड़कियाँ पढ़ती थीं, उसमें गोरे फ़ौजियों के लिए औरतों का इन्तज़ाम था। तुम कहोगी, यह पाप है। मैं पूछता हूँ, क्या मनुष्य सचमुच अपने-आपमें पापी है? आँखों-आँखों में तृप्त हो जानेवाला प्रेम न इधर का है, न उधर का। कॉलेज के लड़के कहा करते हैं, अनाड़ी की तोप का क्या? चाहे जिधर दग़ गई। तुम भले ही बन्धनों की रानी बने रहने पर गर्व करो, मुझे वह सब अच्छा नहीं लगता। याद होगा, मैंने अपना कोष कभी भीख में नहीं दिया, लुटाया था। तुम आईं, तुम्हारे हाथ रत्न आया। और फिर जब मैंने तुम पर अभिमान किया, मैं हताश हो गया, तुम और कुछ नहीं। तुम्हारे अहं को गर्व हुआ था कि, अभी भी मैं हूँ, मेरे सामने सब निरीह हैं। बुलाकर दूर जाने को कहना, उस पर सन्तोष करना भले ही तुम्हारी कायरता को यह सन्तोष दे सके कि तुमने मुझे सुधार दिया, या ठीक रास्ते पर पहुँचा दिया, किन्तु जब सोचता हूँ तब देखता हूँ, तुम बहुत निर्मल हो और मैं तुम्हारे सामने चुप रहकर भी तुमसे कहीं अधिक समझदार साबित हो गया हूँ, क्योंकि मैं प्रेम के आदर्श को कभी पूर्ण नहीं समझता, वह केवल एक व्यक्तिगत सम्पत्ति है, और जब कोई जान देने आता है, तो सारे सुखों की आवश्यकता उसे पड़ती है। पुरुष जो हो जाता है वह, अतः नारी की कल्पनामात्र से उसका जी नहीं भरता। पशु की तृष्णा मानव की तृष्णा से कहीं अधिक स्वाभाविक और पवित्र होती है। राष्ट्र का मान गिरता है या उठता है, उसे इससे कोई मतलब नहीं। यौवन भी एक भिखारी है। नारी से प्रेम होता ही इसलिए है। जब 'मैं' सबसे ऊपर होता है, जब आदमी सबसे बड़ा गुलाम होता है, कायर होता है, और ऐसे व्यक्ति को टुकड़ों पर न पालना समाज की वर्तमान व्यवस्था के साथ अन्याय है, क्योंकि उसे बदल देना है।

एक क्षण ठहरो। चटगाँव की ऊँची सड़क पर मेरी बाँह का सहारा लेकर ज़रा देखो। सुदूर जहाँ तक देख सकती हो, फ़ौजी शिविर, सिपाही और कुछ नहीं। बहुत अजीब लगता है। मैं युद्ध के बीच में खड़ा हूँ।

किन्तु युद्ध मुझसे चालीस मील दूर पर हो रहा है। नक्शे पर हाथ रखकर मैं सोचता हूँ, कहाँ है मेरा घर? कहाँ हैं जो मेरे अपने के दिखावे-भर तो थे? सुदूर...बहुत दूर...भारत के इस कोने के इस जीवन और उधर के रहन-सहन में भूमि-आकाश का अन्तर है। दोनों की समस्या अलग है। यहाँ का मध्यवर्ग भी शाश्वत सत्यों को भूल गया है। अकाल... अकाल...अकाल...जापानी...जापानी...जापानी...सब अस्थिर...कोलाहल... भय...साहस...हाहाकार...फिर भी अपराजित...!

साँझ हो गई है। मैं चटगाँव के एक रिलीफ़ अस्पताल में खड़ा हूँ। सामने एक मज़दूर अमीर अली पड़ा है, जो तीन महीने से बीमार है। कालाज़ार उसे दाबे है। सड़क पर से उठाया गया था। उसके शरीर में हड्डियों के सिवा कुछ भी नहीं है। दो काँच की-सी आँखें हैं और उसका कोई परिचय नहीं है!

एक लड़का, घर का एकमात्र कमाऊ पूत, 24 मील की दूरी पर नाज़िरत (उत्तरी चटगाँव) से आया था। उसने कहा, 'मेरी माँ थी, दो छोटे-छोटे भाई थे। अब मुझे कालाज़ार है, और वे सब भिखारी होंगे।' वह रोया नहीं; रोना यहाँ के लोग नहीं जानते, क्योंकि रोता आदमी तभी है जब वह कभी हँसता भी हो।

मैं बच्चों के अस्पताल में खड़ा हूँ। सब दुधमुँहे दो-दो, तीन-तीन बरस के हड्डी के पुतले। मन नहीं होता कि किसी को गोद में लिया जाए। हड्डियों पर चमड़ी मढ़ी है। एक भारतीय लड़की नर्स है। कैसा भी दुख हो, उसका स्नेह ही उनका जीवन है। मैंने देखा, वह पिशाचों-से बालक मुस्कराते थे। मैं भावहीन हो गया हूँ। इलिया एहरनबुर्ग नात्सी बर्बरता के ख़िलाफ़ बहुत चिल्लाता है। पर मैं चिल्लाना नहीं चाहता, क्योंकि तुम दूर से शायद नहीं समझोगी कि मेरे सामने क्या है? लौटने पर एक दिन तुम मेरे साथ श्मशान चलना। मैं हड्डियों को एक-दूसरी पर टिका दूँगा और तुम विश्वास से देखना, वह ढाँचा मुस्करा देगा।

नर्स ने कहा, 'इनमें से अधिकांश सड़क की उपज हैं।' मैंने मान लिया है। घास-फूस पैदा होते हैं। घर की बेकार चीज़ें सड़क पर फेंक दी जाती हैं। कोई अगर काग़ज़ के टुकड़े बीन ले कि कूटकर फिर

काग़ज़ बना लूँगा। यही विश्वास कि जिसमें साँस है, वह मरा नहीं है। वह चाहे न चाहे, आप उसे ज़िन्दा रखना चाहते हैं। खाने को नहीं मिला, माँ-बाप छोड़ गए। छोड़ न जाते, तो क्या करते? वे छोड़कर मर गए, न छोड़ते तो क्या न मरते? पेट फूल जाता है, हाथ-पाँव सूज जाते हैं, हाथ-पाँव सूख जाते हैं। मित्र-राष्ट्रों की फ़ौजें ग़ुलाम यूरोप को आज़ाद करने के लिए लड़ रही हैं, यहाँ भूखों को बचाने के लिए युद्ध हो रहा है। कौन जाने, वह जो बालक है वह कल गांधी बने या लेनिन, शेक्सपियर बने या कालिदास और वह लड़की शायद मीरा बने या सरोजिनी नायडू। एक दिन हम-तुम भी इतने ही बड़े थे। तब हमें किसी ने प्यार से पाला था। किन्तु इनको कोई नहीं पाल सका। जीवित रहने का मसाला कोई पूरी तरह जलाना चाहता था, पर पूरी तरह जला न सका।

मैं मुस्लिम अनाथालय की मैली इमारत में बैठा हूँ। कमरे में चटाई बिछी है, उस पर कुर्सियाँ रखी हैं। एक बालक ने आकर कहा, 'मैं घर जाना चाहता हूँ।' उसकी आँखों में व्यथा झलक रही थी। छोटे-छोटे बच्चे तुमने प्रायः देखे होंगे। मगर उनके विचार और हृदय के बारे में तुमने कम ही सोचा होगा। वह अनाथालय से ऊब गया था। वह चाहता था, कोई उसे बिलकुल अपना कहकर प्यार करे। एक रात जाड़ों में वह एक फ़ौजी ट्रक को सड़क पर ठिठुरा हुआ बेहोश मिला था। उसके माँ-बाप मर चुके थे। अब उसे अपनी माँ की याद हो आई थी। मुस्लिम बंगालिन नर्स सुन रही थी। उसकी आँखों में पानी आ गया। पाँच बरस का बालक हठ करना भूल गया था। वह डरता था। उस अभागे को कौन समझाता कि घर केवल इसलिए घर नहीं होता कि ईंट-पत्थरों के संयोग से घर कहलाए। उसे अपना कहने के लिए किसी की आवश्यकता है, और उसके वह अपने बंगाल के मच्छरों की तरह मर गए हैं, जिन्हें समाज की अच्छी व्यवस्था ने कभी भी इन्सान मानने का कमीनापन नहीं दिखाया; जैसे वे कान पर भनभना रहे थे, अतः उन्हें उड़ा दिया या धुआँ करके घुटा दिया।

बालक-बालिकाएँ जैसे खूनी कपड़े पहने हैं। पूँजीपतियों से जैसे

कोई कह रहा है कि इन भूखे बच्चों के माँ-बापों के साथ तुमने जो जलियाँवाला बाग़ का-सा कांड किया है, उसका एक दिन यही बच्चे तुमसे बदला लेंगे।

कोई कहने लगा, 'जलपाइगुड़ी में लोग बूरे के साथ साग पका रहे हैं, क्योंकि नमक नहीं मिलता।' मुझे हँसी आ रही है। हमारे प्रान्त में तो मनचले युवकों को लड़कियों में ही नमक मिल जाता है। काश, वह लड़कियाँ यहाँ लाकर साग में उबाल ली जातीं!

एक वृद्ध ने मुझसे कहा, 'सन् बयालीस की बात है। अराकान की पहाड़ी जाति मौघ का नाम तो आपने सुना होगा? जंगली है, जंगली। एक दिन सुना कि जापानी हथियार लेकर आ रहे हैं। हड्डी-हड्डी से लड़ने के लिए गाँव-गाँव से मुसलमान इकट्ठे होने लगे। औरतों और बच्चों को झोंपड़ियों में बुड्ढों की निगरानी में छोड़कर उस दिन 35,000 निहत्थे दुनिया की एक भयानक ताक़त से लोहा लेने को खड़े हुंकार उठे थे।' ब्रिटिश साम्राज्य जिसकी चोट से चटक उठा था वहाँ हिन्दुस्तान की निहत्थी जनता, जिसे अपनी जनशक्ति का विश्वास था, जिसे सौ बरस की ग़ुलामी का घुन कभी भी नहीं खा सका, पुकार उठी थी। मुझे याद आया, 'ऑरमरी केस' का वह रेलवे-घर अब चुप खड़ा था। व्यक्तिवादी क्रान्तिकारी पकड़ लिये गए थे, कुचल दिए गए थे, किन्तु अब जो क्रान्तिकारी जनता उठ रही थी, उसे करोड़ों हिटलर और तोजो भी नहीं दबा सकते। वह किसी भी चाल से नहीं मर सकती। वृद्ध कहने लगा, 'इस्लाम की शिक्षा है स्वतंत्र रहना। पहले हमें मछलियाँ पानी से निकालनी होंगी, तभी हम उन्हें खा सकेंगे।' वृद्ध चुप हो गया। मैंने देखा, वह गम्भीर था। व्यथित, किन्तु उदास नहीं। कर्णफूली पर एक दिन लाशें बहती थीं। सड़कों पर लोग दम तोड़ते थे। एक दिन एक औरत की भयानक लाश को देखकर एक घोड़ा भी डर गया था। और वृद्ध ने विश्वास से कहा, 'चटगाँव के अमीर मुसलमान व्यापारी ही इन सबके ज़िम्मेदार हैं। सरकार ने दारोग़ा लगाए थे, किन्तु बड़ी-बड़ी रिश्वतों ने उनके मुँह को बन्द कर दिया और गोदाम-के-गोदाम नदी के पार तैर गए। चटगाँव का चावल चोरी हो गया, किन्तु आदमी की जान

चोरी नहीं जा सकती, वह या तो लूटी जाती है, या लुटाई जाती है।'

यह था नगर का एक रूप। मैं उठा और चला आया। दुनिया की आबादी के नक़्शे पर लिखा रहता है, एक वर्गमील में 22 आदमी। बचपन में दुनिया को छितरा-छितरा-सा मानते थे। अब बिलकुल उलटा होकर भी ठीक यह है कि वह एक-एक ही लाखों का प्रतिनिधि है। चटगाँव में जो है, वह भूखा है—मेरा मतलब आदमी से है, औरत से है, मानव-प्राणी से है, यानी चटगाँव में एक आदमी है—वह भूखा है।

आज चटगाँव की आबादी 35,000 से 80,000 हो गई है। चूँकि क़स्बे में राशनिंग है और देहातों में लोग भूखे मरते हैं, अतः क़स्बे में चले आते हैं। सरकार के गोदाम पर ज़रूरत से ज़्यादा बोझ आ जाएगा न?

रात हो गई है, मैं बाज़ार में चल रहा हूँ। फ़ौजी, फ़ौजी, फ़ौजी... ख़ाक़ी...ख़ाक़ी...ख़ाक़ी...ख़ाक़ी...बाक़ी भूखे...ग़ुलाम...मुर्दे...।

रंडीख़ानों में चहल-पहल है। मैं एक दरवाज़े पर खड़ा हूँ। एक लड़की ने मेरा हाथ पकड़ लिया। वह निस्संकोच बोली—बोली कुछ पूर्वी बँगला में। समझ में नहीं आया मुझे। मैं देखता रहा। तब उसने टूटी-फूटी उर्दू में कुछ कहा। मुसलमान थी। सुन्दरी तो नहीं थी। हाथ-पैर सूखे, गाल बैठे हुए। वक्ष उभरा था, मगर उसके बदन पर वह एक फ़ोश मज़ाक़ या गाली जैसा लग रहा था। उसने मुझे देखा। फिर छोड़ दिया। उदासी उसके चेहरे पर आई, चली गई, क्यों? उसने फिर मुझे देखा। कहा, 'क्या दोगे?' मैंने सिगरेट निकालकर मुँह से लगा ली। वह मुझे गाली देने लगी। मैं बाहर आकर बाँस की टट्टी के सहारे बैठ गया। ज़मीन जैसे फ़ौजी जूतों से काँप रही थी। मैंने सोचा—जहाँ वाक़ई जंग होगी वहाँ जीवन कितना कठिन होगा! मेरे पास भुखमरे बच्चे सड़क पर सो रहे थे। कुछ औरतें टाँग पसारे लेटी थीं—कुरूप, बेडौल, और घिनौनी बीमारी। उन्होंने मुझे देखकर न दुतकारा, न सन्देह किया। मैं भी उन्हीं में था। मगर तुम्हारे सामने ऐसा हो तो तुम मान-हानि समझकर मुझे देखना तक छोड़ दो।

सुबह, दुपहर, शाम, रात मैं बराबर चलता ही रहता हूँ, देखता रहता

हूँ। आज मैं वह हूँ, जो कल मैं सोचता भी न था। चाय के खेतों में हवा सनसना रही है। 2500 मज़दूरों की एक कम्पनी है। मालिकों के ठाठ हैं, मोटर हैं, गोरी-गोरी, मांसल, मुलायम और शायद पतिव्रता बीवियाँ हैं। किन्तु आज अकाल आधे से ज़्यादा मज़दूरों को चाट गया है। गायों के बाँधने के-से एक स्थान में कोई मज़दूरिन बैठी टाट में अपने को ढाँकने का प्रयत्न कर रही है। कल जंगलों में, सड़कों पर, इन गाय के बाँधने के स्थानों में उन्हीं में रहनेवाले मज़दूर मर रहे थे, और आज हर जगह मलेरिया उन्हें चबा रहा है। पूरे बंगाल में किसी के घिनौने दाँतों की घरघराहट गूँज रही है। एक मज़दूर जिसे 6 आने रोज़ मिलते हैं, कभी-कभी पड़ा-पड़ा बर्रा उठता है। वह बीमारी में भी काम करने जाता है। औरतें शाम को 4 आने पर जाती हैं। चावल का दाम 22-23 रुपए मन है। उधर गाय बँधी है, इधर आदमी बँधा है। कम्पनी ने मज़दूरी बढ़ाने के भारत रक्षा-क़ानून के आदेश को ठुकरा दिया है। मैं उस सम्बन्ध में कुछ नहीं कर सकता, क्योंकि सरकार कुछ नहीं करना चाहती। बग़ीचों में ताले पड़े हैं, मज़दूर बेकार हो गए हैं, जैसे गन्दा तेल पानी पर तैर आता है। एक दिन बग़ीचे में चावल के बोरे गड़े मिले। कुछ कम्यूनिस्टों ने पकड़वा दिए। किन्तु पुलिस उन्हें ही पकड़ ले गई। मैं फिर चुप हूँ, क्योंकि यह चुप्पी अब चुप्पी नहीं है, करोड़ों की दहाड़ है। उन पर लुटेरा होने का जुर्म लगाया गया है। पचपन बरस का वह मज़दूर 20 साल नौकरी करने के बाद बारामासिया के बगीचे से निकाल दिया गया है, क्योंकि वह मलेरिया के कारण नौकरी नहीं कर सकता। ठीक ही है, बूढ़ा बैल तो किसान भी नहीं रखता। वह मर गया है और उसका लड़का भिखारी हो गया है। हाल्दावैली गार्डन से वह दो बच्चों की माँ भी निकाल दी गई है। उसका पति गार्डन में ही भूख से मर गया। मरा भी तो कमबख़्त बाहर की दुनिया में नहीं। और स्त्री बाज़ार के रास्ते में मर गई। उसका एक बच्चा, बच्चों के अस्पताल में है। तब तो मैंने उसे ज़रूर देखा होगा। मगर मैंने बच्चे कहाँ देखे? मैंने तो बाहरी आदमियों के लिए सजाई गई हड्डियों की दम लड़ती एक नुमायश-भर देखी थी। वे बच्चे, जो तब तक नहीं जी सकते जब तक 40 करोड़

मुट्ठी तानकर एक स्वर से नहीं गरज उठते। दूसरा लड़का पहाड़ पर चला गया। धतूरे की खोज में नहीं, कुछ और जड़ें खाने, किन्तु एकदम जो निगलने की कोशिश की कि फन्दा पड़ गया और उसकी लाश एक गाँठ की तरह सड़ती रही, घलती रही, कीड़ों का अकाल मिट गया।

बूथीडाँग, बोली बाज़ार, माँगडू...जापानी हमला...और मुझे याद आई है, तुम्हारी नहीं, एक और आदमी की। उसका नाम गांधी है। उसको यहाँ भी बच्चा-बच्चा जानता है। हब्शी उसे अपना नेता मानते हैं और मैं सोचता हूँ, क्या भारत की आत्मा में जाग्रत् होने का बल जनशक्ति के अतिरिक्त और किसी भाँति एकत्रित हो सकता है? तुम नहीं सोचतीं, क्योंकि जब सबने कह दिया महात्मा है, तुमने चुपचाप मान लिया। तुम समझती हो कि गांधी कोई और है, मैं समझता हूँ कि गांधी का मेरे जीवन से, तुम्हारे सम्बन्ध से भी कहीं अधिक सम्बन्ध है।

पूरा चटगाँव, नोआपाड़ा, फटिकचेरी, कादूरखील, जाइस्थपुरा, क्वेषरा... मलेरिया, कालाज़ार, हैज़ा...आदमी, औरत, बच्चे...बीमार, बेकार, मुर्दे...!

मैंने एक एकांकी नाटक लिखा है। उसको तुम्हें ज़रूर लिखूँगा। छोटा है, अगर दिमाग़ ठीक होगा तो ऊबोगी नहीं।

समय : 1943-44
स्थान : नोआपाड़ा।
थाना : राउज़ान।

दृश्य-1

माँ : मैं भूखी मरी।
बेटी : मैं भूखी मरी।
(मौत, कोई नहीं रोया!)
बेटा : (प्रवेश करके) बहू!
बहू : (उठकर) क्या है?
बेटा : मैंने एक बात सोची है।

बहू : क्या?
बेटा : तू रंडी हो जा।
(दुनिया घूमती है)
बहू : नहीं।
बेटा : नहीं, हो जा।
बहू : नहीं, नहीं, नहीं।
(बेटा बहू को मारने लगा है।)
बहू : फिर भी नहीं।
बेटा : तो चल।
(बाल पकड़कर घसीटता है।)

दृश्य : 2

वेश्यालय

बेटा : औरत चाहिए?
दलाल : अबे, तो क्या मर्द भी रंडी होते हैं!
बेटा : यह है। क्या दोगे?
दलाल : (ठोक-पीटकर) बीमारी है?
बेटा : नहीं।
दलाल : क्या लेगा?
बेटा : (सोचकर) 25 रुपए।
(देता है। लेता है। बहू रोती है। बेटा चला जाता है। एक और आदमी बहू को दबोच लेता है।)

(ॐ की ध्वनि। स्वस्तिवाचन)

मुझे विश्वास है, यह नाटक 'अभिज्ञान शाकुन्तल' से कहीं अधिक सजीव है। एक गीत भी मैंने लिखा है। ऐसा सुन्दर गीत शायद अभी तक नहीं लिखा गया। तुम कहोगी, कविता गद्य में लिखी है।

''एक कोई चाहे

निर्मलदास? सी.आर. दास? रवीन्द्रनाथ?

तूफ़ानों के बीच

पहले वह बर्मा में था
आया अन्न-संकट;
पन्द्रह वर्ष की
अलबेली अछूती-सी
कन्या को लेकर वह
आया लौट...
पिता ने अकाल में
लड़की निकाल दी दूर
पेट पकड़े
देखा था उदास नभ
अकृतज्ञा भूमि भी...
लड़की अभाग्य-पूर्ण
गुंडों के हाथ पड़ी
जोबन रही है बेच
पिता पीटता है उसे
लौटती है घर कभी यदि।
खोल अपनी जाँघ
पथ पर लेटती है,
लेटता है साथ फ़ौजी
या कि गुंडा
और इंजेक्शन लगी-सी
एक गरमी और वह सूज़ाक
उसमें भर गई है
भर गया है आज जैसे पेट...
घृणित जिनका स्पर्श
उनके होंठ उसके होंठ पर हैं।
मर गए दो लाख
इक्कीस लाख में से
डेढ़ लाख हुए भयानक

मरभुखे हैं
और नारी हो गई है आज
निर्मलदास की कन्या सुहागिन
आह, ईश्वर करे उसका
अमर हो यह सबल यौवन!
और यदि यह भी न होगा
शीघ्र ही सड़ जाएगी वह
और फिर मर जाएगी वह।''

भाषा, भाव, अलंकार मैंने जान-जानकर छोड़ दिए हैं, क्योंकि यह कविता फिर भी कम नहीं पड़ती। तुम तो पाउडर भी नहीं लगाती थीं। मगर मैंने सदा तुम्हारी ही ओर देखा था। देखो, लाज न आ जाए मरी!

दूसरी सुबह हम चल दिए। मेरा डॉक्टर साथी, एक चटगाँव का साथी और तुम्हारा मैं।

चटगाँव से लगभग 4 मील दूर पेड़ों की घनी छाया में कटोली गाँव बसा है। ऐसा गाँव जहाँ कृष्ण को छिपने के लिए काफ़ी जगह और राधा को मान करने के लिए अनेकों कुंज हैं। चीरहरण के लिए अनेकों छोटे-छोटे तालाब हैं। किन्तु उन तालों पर ज़हरीले फूल खिले हैं—बैंगनी, मख़मली, साम्राज्यवाद से भी सुन्दर और वैभव से भी अधिक विषैले। उत्तरी कटोली और दक्षिणी कटोली दोनों में मिलाकर किसी समय 7000 आदमी रहते थे। अब दक्षिणी कटोली में सैकड़ों भी नहीं हैं। 2000 की बस्ती में से 500 बच रहे हैं। यहाँ के निवासी सब धीवर-मछेरे थे। कल तक पुरुष और स्त्री सामाजिक, यौवन तथा यौन-जालों में फँसे थे। आज वे भूख और मौत के जालों में फँसे हैं।

राह में तेज़ मोटरें, ट्रक्स, लॉरियाँ आदि चलती हैं। फ़ौजी डेरों के बाहर कुछ भुखमरे बच्चे बैठे हैं, दो सो रहे हैं। कुछ औरतें हाथ में टीन के डिब्बे लिये आ रही हैं, वह फ़ौज के काम करने जा रही हैं, भीख माँगने जा रही हैं, अपने-आपको बेचने जा रही हैं।

एक छप्पर के नीचे कुछ चटाइयाँ बिछी हैं। गोबर-लिपी ज़मीन है, टूटे जाल टँगे हैं। एक बुड्ढा दम तोड़ता-सा पड़ा है। बच्चे नंगे हैं। पेड़

पर चिड़ियाँ बोल रही हैं। बच्चों के भी गाल बैठे हुए हैं, हवा बड़ी मादक है। एक सामने के घर में एक मछुआ है, जो फ़ौजी वर्कशाप में काम करता था। वह काम से निकाल दिया गया है। उसके पैर में अल्सर के घाव हैं। उसकी बीवी की आवाज़ घरघराती है। मेरे बिना पूछे ही वह स्वयं बोला, 'पचास रुपए वाला जाल अब ढाई सौ का आता है।' कोठरी में एक सरस्वती की तस्वीर है। एक शीशा है जिसमें वासन्ती के चित्र की छाया पड़ रही है। पाड़े में अब नाव नहीं बची है। बाईं तरफ़ जापानी बमों से घायल एक घर पड़ा है, जिसका मालिक भूख से मर चुका है।

हम एक बुड्ढे के पास पहुँचे। वह बीमार था। लेट रहा था। हमें देखकर उठ बैठा और हमारे साथी ने उससे बातचीत शुरू की। औरतें परेशान थीं। उनके पास लाज ढकने को भी कपड़ा न था। मगर वे खड़ी रहीं। एक माला-तिलकधारी व्यक्ति वहाँ आकर बैठ गया। वह तीर्थ-यात्रा में वृन्दावन आदि देख चुका था। हमें देखकर उसने नमस्कार किया। मैंने पूछा, 'क्यों भाई, यहाँ कितने आदमी मरे?'

उसने गिनना शुरू किया। स्वर्णकुमार के घर 11; 9 मरे हरिकृष्ण के घर...और...!

मैं विस्मित हो गया। पूरा बंगाल आज जैसे केवल गिन रहा था, भावनाहीन, संवेदनाहीन, जैसे क्या रखा है अब बेकार की बातों में! घर की टीनें उखड़ी हुई थीं। बुड्ढा कह रहा था, 'हम जाऊ खाते हैं। भात मिलता नहीं, या ख़रीद नहीं सकते, आमों की फ़सल से कुछ बचत हुई है, किन्तु जड़ें भी खानी ही पड़ती हैं।' अचानक मैंने पूछा, 'यहाँ कोई औरत..?'

बुड्ढा चुप हो रहा। स्वर्णकुमार ने कहा, 'तीन औरतें बैरक में जाती हैं। उनमें से एक वही है।' सामने आधा घूँघट काढ़े एक औरत खड़ी थी। मुझे याद आया, गाँव के रास्ते में वह मुझे देखकर मुस्कराई थी। वह बकरी बाबुओं की छुरी से ही हलाल हुई थी।

हम उठ खड़े हुए। मोड़ पर वही स्त्री खड़ी मिली। आगे आकर बोली, 'भैया! यह मेरा घर है।' मैंने देखा, घर की जगह एक टूटा चबूतरा था। स्त्री ने फिर कहा, 'यह मेरा एक तीन बरस का बच्चा है

और वह बारह बरस का।' मैंने देखा, तीन बरस का बच्चा साल-भर का सा मालूम होता था और 12 बरसवाला मलेरिया के प्रताप से कोई आठ का सा। औरत ने फ़िर कहा, 'इनका बाप मर गया। मैं इसीलिए फ़ौजियों में काम करने जाती थी।'

'तो अब क्यों नहीं जातीं?' मैंने पूछा।

'मेरी बीमारी पकड़ ली गई है। मुझे निकाल दिया गया है।' यह कहते समय वह न लजाई, न मुस्कराई। जैसे सब ठीक था और कोई राह ही न थी। पास ही खड़ा उसका 12 बरस का लड़का यह सब सुन रहा था। मैं भी तो किसी माँ का बेटा हूँ। तुम स्वयं एक स्त्री हो। क्या तुम ऐसी बात कह सकोगी या मैं सुन सकूँगा? वह स्त्री नीलकंठ महादेव भी न थी, जिसकी हथेली में भँवर मारकर सारा कालकूट समा गया था। मगर वह औरत थी, सिर्फ़ एक मादा थी, न वह किसी की पत्नी ही थी, और न माँ ही। वह सिर्फ़ एक पेट थी—मनुष्य होने के अतिरिक्त। जिनमें वह रहती है, वे उससे घृणा नहीं करते। पुरुषों को शोक है कि वे स्त्रियाँ न हुए, वृद्धाओं को शोक है कि वे जवान नहीं हैं, वह रबर की लचक चली गई है।

और पाड़ा धीरे-धीरे शमा की तरह बुझ चला है। सैकड़ों परवाने, पंख-जले शलभ चारों ओर पड़े हैं। कलकत्ते की वैभवशाली एसेम्बली की बहसें भी मैं सुन चुका हूँ। वहाँ लोग कहते थे, 'अब सब ठीक है, चिन्ता की कोई बात नहीं।'

स्वर्णकुमार ने कहा, 'आप समुद्र-तीर पर जाइए। वहाँ आपको हमारी बात का सबूत मिलेगा। हममें मुर्दे उठाने की भी ताक़त नहीं थी। अतः केले की सूखी छालें मुर्दों के गले में बाँध समुद्र-तीर पर उन्हें खींचकर फेंक आए।'

दो बातें कानों में टकरा उठीं। मनुष्य को अब भी सबूत की आवश्यकता है। और भगतसिंह के गले में भी तो एक फन्दा ही पड़ा था। तो यह फन्दा मुर्दों के गले में क्यों नहीं पड़ा? हम सब समुद्र की ओर चल पड़े, सुदूर भारत के पूर्वी द्वार पर समुद्र गरज रहा था। धूप में लहरों का आना-जाना ऐसा लग रहा था, मानो चाँदी के साँप मटमैले

फन फैलाए फुफकारते तट पर आकर टकराते थे और पानी में छिप जाते थे। मुर्दों की हड्डियाँ तीर के बालू पर अनन्त विश्राम कर रही थीं। समुद्री जन्तुओं ने उनका मांस खा लिया था, किन्तु घोर हाहाकार करनेवाला भीषण महासागर भी पाप की नींव को पचा नहीं सका, क्योंकि उन्होंने डूबने से इनकार कर दिया और लहरों ने ज्वार में उफनकर आदरपूर्वक तीर पर छोड़ दिया। तट पर अपार हीरों की तरह हड्डियाँ चमक रही हैं। समुद्र झाँई मार रहा है। पवन आकाश में डोल रहा है।

प्रिये! यह हड्डियाँ किसी से अब शर्त नहीं करना चाहतीं। अगर बंगाल पर जापानी हमले का ख़तरा है, कांग्रेस लीग अलग-अलग है, भारत की आज़ादी के लिए अकाल को हटाना होगा। यह सब ठीक है। किन्तु यह हड्डियाँ कुछ भी नहीं कहतीं। और यही हड्डियाँ संसार में सबके भीतर हैं, भीतर हैं तब तक आवाज़ है, जब बाहर आ जाती हैं तब सिर्फ़ उनकी गूँज है। इन हड्डियों के लिए संसार यदि रो नहीं सकता, तो मनुष्य को मनुष्य रहने का झूठा तकल्लुफ़ ही छोड़ देना चाहिए। मुझे याद आ रहा है, कलकत्ते की एक विराट् अट्टालिका से बंगाल मंत्रिमंडल के एक ज़िम्मेदार सदस्य ने मुझसे कहा था, 'मैंने बंगाल में राष्ट्रीय सरकार स्थापित की है।'

समुद्र गरज रहा है। रेत पर हड्डियाँ चिलक रही हैं। हवा उनमें भरकर गूँज रही है। जैसे उस दिन सावन की धूमिल छाया में मेरा ध्यान आकर्षित करने के लिए तुमने चूड़ियाँ बजाई थीं। चूड़ियाँ कृत्रिम थीं, यह हड्डियाँ वास्तविक हैं। एक ज़िन्दगी के पानी में धुलकर ये साफ़ उतर आई हैं, वज़नी...जैसी थ्री-नॉट-थ्री बन्दूक, या पत्थर की चट्टान का उन्माद...!

मनुष्य को मनुष्य यदि मनुष्य होने के नाते ही बचाना नहीं चाहता, तो वह मनुष्य नहीं है। मनुष्यता की माप अधिकार और धन से इतिहास भी कभी नहीं कर सका। भारत आज दो तूफ़ानों के बीच फँसा है। एक वह जो बीत गया, किन्तु उसका छोर पकड़कर दूसरा बह निकला, बहा कि गरजा। दुनिया काँपने लगी। पर झंडा झुका नहीं, सिर नहीं झुके।

पहाड़ताली स्टेशन के फ़ौजी रेस्त्राँ में बैठा हूँ। यहाँ मुझे अपने एक पुराने सहपाठी की याद आई है जो लड़ाई के पहले साल ही खो गया था, शायद मरा नहीं। क्यों आख़िर, इस याद का यहाँ क्या सिलसिला है?

चारों ओर फ़ौजी हैं। एक ग्रामोफ़ोन पर हिन्दी के गाने बजा रहे हैं–

न मारो रे...!

और फिर दूसरी रागिनी–

ऐ देखनेवालो मुझे हँस-हँसके न देखो...।

साथी डॉक्टर-विद्यार्थी बहुत फुर्तीला है। मगर अब थक गया है। मैं नहीं थका हूँ, क्योंकि विश्राम का सुखद स्वाद मुझे विष लगता है, क्योंकि मुझे मेरा व्यक्ति याद आने लगता है। उस समय मैं कायर हो जाता हूँ, मेरे हृदय में एक बात गूँजती है। मैंने उस पर गीत लिखा है, फिर कभी सुनाऊँगा। किन्तु यह 'माया का देश' नहीं है। यह कठोर पीड़ा का देश है, हाहाकार का देश है।

ग्रामाफ़ोन का स्वर प्रवाहित हो रहा है। किन्तु मेरे मन में अभय स्वर है–

मत झुकाना रे मन...।

उपदेश वही होता है, जिसमें प्यार हो, अवसाद नहीं साहस हो। मैं तुम्हारी प्रशंसा करता हूँ। जुगनू दूसरों को चमक देता है, तुम भी अपने आपको समझ नहीं पाई हो।

झुके नहीं, झुकेंगे भी नहीं। मैं विश्वास पर दृढ़ हूँ। मेरा विश्वास दुनिया का विश्वास है। वह कल्पना नहीं। डॉक्टर सव्यसाची और हरिप्रसन्न का सा उन्माद नहीं है मेरा। मनुष्यता की विजय ही मेरे जीवन का चरम लक्ष्य है। सामने पहाड़ हैं, जानता हूँ, उन्हें चूर करना कठिन है; उनसे सिर टकराकर फट जाएगा, इस डर से मैं क्या, भारत का कोई भी बच्चा अब पीछे नहीं हटेगा। संसार को उज्ज्वल बनाने के लिए भारत जाग उठा है। अपना हानि-लाभ देखनेवाले नाज-चोर का दूसरा रूप है। निकृष्ट स्वार्थ की वह झलक है। तुमने शायद मुझे पहचाना होगा,

क्योंकि मैंने यह हड्डियाँ पहचान ली हैं। मैंने एक बच्चे की खोपड़ी उठा ली थी। इच्छा होती थी, तुम्हारे लिए ले आऊँ। हमारे गाँव का अघोरी हड्डियों को फूल कहता था। जाने क्यों लगता है, यह एक हड्डी ही काफ़ी है बंगाल का 1943-44 का इतिहास दिखाने को! किन्तु मेरा हाथ काँप गया था। हड्डी हाथ से गिर गई थी, मानो वह जहाँ की थी वहीं रहना चाहती थी। सच्चा शहीद आन पर मरता है, खा-खाकर बदहज़मी से वह कभी दम नहीं तोड़ता! चटगाँव सचमुच शहीद है।

बहुत-कुछ है कहने को! स्टीमर में मध्यवर्ग के पुतलों की बहस, अकर्मण्यता, अविश्वास और विक्षोभ; जनता का प्यार, पूरा विश्वास, रूस के धोखे गिनाते मनुष्य और वह रात और वह तारे और मेरी नींद और तुम्हारा सुपना...।

बीत गया है वह बस। आज मैं फिर लौट आया हूँ! मेरे पते पर चिट्ठी लिखना व्यर्थ है, क्योंकि मैं कल ही यहाँ से चल दूँगा।

बहुत दिन बाद मैंने आज तुम्हें प्रेम-पत्र लिखा है। आज तक के पत्र स्वार्थ-पत्र थे। उनके लिए मैं तुम्हारे यौवन से क्षमा माँगता हूँ।

पीछे छूट गया है वह युद्ध...फ़ौज...भूख से मरा देश, जिसकी कंकालमयी छाया पूरे भारत पर पड़ने लगी।

आज मैं अपने प्रेम को बचाने के लिए व्याकुल हो उठा हूँ। आज मैं प्रत्येक नारी में तुम्हें देख रहा हूँ। मैं अपने आपको बचाना चाहता हूँ। आज जीवन का सब-कुछ दाँव पर है,—मैं, तुम, हमारा प्रेम। देखो! पराजित न हो जाए यह प्रेम, सर न झुका दें यह बाग़ी अरमान। मैं तुम्हें प्यार करता हूँ, और करता रहूँगा। आशा है, तुम जीवन का प्रकाश बनोगी...फूटोगी...!

चालीस करोड़ों को आज़ाद होना पड़ेगा। और फिर हमारा-तुम्हारा प्रेम ग़ुलामों का न होकर स्वतंत्र मानव-मानवी का होगा।

निर्जन की पुकार नहीं, आबादी की सत्ता चिल्ला रही है—सावधान... एक क़दम और...।

तुम्हारा—
प्रवासी।

बूचड़ख़ाना

चिनगारी

'मैदान के कैम्प' की दुर्गन्ध से लुबनिन-निवासी काँप उठते थे। अन्धकार का पाश बनकर विषैला धुआँ उस कारख़ाने की चिमनियों से निकलकर यूरोप के आकाश में मँडरा उठता था। मनुष्यों को भुट्टों की तरह सेंककर वहाँ राख का ढेर कर दिया जाता था, और उनकी आहें धुआँ बनकर आकाश से टकराने लगती थीं। चौदह सौ आदमियों का नित्य वहाँ नरमेध होता था।

'अमृत बाज़ार पत्रिका' में निकला है—बासठ भुखमरे फिर अस्पताल में दाख़िल किए गए। तीस मर चुके हैं। केवल दस-बारह निकाले गए।

बूचड़ख़ाना नम्बर–1

बूचड़ख़ाना नम्बर–2

मानवता कभी पददलित रहकर भी अपना सत्य नहीं छोड़ सकती, क्योंकि मनुष्य जन्म से पवित्र होता है। लुबनिन का बूचड़ख़ाना बहुत दिन नहीं रहेगा। बंगाल का अकाल भी सदा का नहीं है।

इतिहास के दोनों रूप देखकर भविष्य में स्त्रियाँ रोएँगी और पुरुष विस्मय करेंगे। किन्तु मैं अपनी आँखों देख रहा हूँ। मुझमें आग जल रही है।

वैभवशालिनी विशाल सड़कें, ट्राम, बस, विक्टोरिया और मोटर एक ओर, और वैभव की गहरी छाया रिक्शा दूसरी ओर। बड़ी-बड़ी इमारतें, ऊँचे-ऊँचे महल और बग़ल में मैले टाट से ढँके घिनौने घर। गन्दी

पकौड़ियाँ, मैले रसगुल्ले। काम, काम, काम...तनख्वाह नहीं, पैसा नहीं, भूख...भूख...अकाल के बिना आधी जान, अकाल में मौत...अकाल के बाद रोग...रोगों में तड़प और सड़क के डस्टबिनों की भयंकर बदबू, दिमाग़ फाड़कर सड़ा देनेवाली दुर्गन्ध।

रात को कोलाहल। अन्धकार। ब्लैक आउट का गहरा अन्धकार। किन्तु मोटर, ट्राम, बस...लॉरी और कहीं-कहीं रिक्शावाले की मौत... सिपाही की लाल रोशनी...।

दूर हावड़ा पुल की लाल जगमगाती तीन लाल रोशनियाँ, जब दिन में दिखनेवाले बैलून अँधेरे में ग़ायब, हवाईजहाज़ की घर्र-घर्र...।

ब्रिटिश साम्राज्य के वैभव का दूसरा डंका। रोम, रोम के बाद बैजन्टाइन। और मुझे कुछ नहीं कहना। किसी को फ़ुरसत नहीं, अपनी ज़िन्दगी से, अपनी ही सत्ता के बोझ से; एक वेश्या के सुनहले बालों में से गन्ध आ रही है; मगर भीतर-ही-भीतर वह भयानक रोगों का शिकार हो चुकी है। उसके प्रत्येक चुम्बन में कीड़े हैं, प्रत्येक आलिंगन में सर्वनाश।

और उस हाहाकार में मनुष्य का अवरुद्ध श्वास है। उसकी हलचल का उन्माद आप प्रेत-छाया बनकर उसे डरा रहा है। नहीं!

दूर-दूर तक इमारतें खड़ी हैं। उनके भीतर टुकड़े-टुकड़े मनुष्य हैं, एक-दूसरे पर अविश्वास रखनेवाले स्नेह-हीन, केवल पशु...बड़ी-बड़ी बहसें...एसेम्बली की भव्य मीनारों से जब वह बातें टकराकर देश में गूँजती हैं तब मैं रोता हूँ, फन पटककर मेरा मन प्रतिशोध के लिए फुफकार उठता है और मैकॉले ठठाकर हँसता है।

लपट

सारा संसार मुक्ति के लिए युद्ध कर रहा है। करोड़ों आदमी ख़ून बहा रहे हैं। हम सो नहीं रहे हैं। भीषण तूफ़ान में जो नाव डूबने से पल-पल इनकार कर रही हो उसका-सा युद्ध इतिहास ने आज तक कभी नहीं देखा।

चीन के इतिहास में ख़ून है, यूरोप के इतिहास में ख़ून है...हर देश के इतिहास में ख़ून है...।

बीसवीं सदी का इतिहास आज़ादी के लिए बहता हुआ ख़ून है...।

यह ख़ून युग-युगान्तर से बहता चला आया है और आज भी उसमें उतनी ही गरमी है, उतना ही जीवन है जितना पहले था। मनुष्य अपनी सामाजिक व्यवस्थाओं की ग़ुलामी के विरुद्ध उठ रहा है। आज का मनुष्य परम्परा के अनुसार ही हर प्रकार की मुक्ति के लिए संघर्ष कर रहा है। वह अत्याचार की लपटें इसी शक्ति को जलाने का प्रयत्न करती हैं, किन्तु नहीं जला सकतीं; क्योंकि इस्पात को आग नहीं जला सकती। जितना ही यह इस्पात गरम होता है उतना ही फैलता है, हर चोट से लचक भले ही जाए, मगर टूटता नहीं...।

हमें अपनी पगध्वनि पर विश्वास है...विश्वास है, हम हारे नहीं हैं, हम करोड़ों आगे बढ़ रहे हैं, क्योंकि मायाविनी बाहरी चकमक से हमारी आँखें अब चौंधा नहीं खातीं। और रेल में यह जो बर्मा का एक 'इवेक्यूई' मेरे पास बैठा है, उसने मेरे विश्वास को दुहराया है...संसार इसे ही गा रहा है, एक ही गूँज उठ रही है–

'शहीदों ने न कभी सिर झुकाया है, न झुकाएँगे। संसार के दलित एक होने के लिए हिल उठे हैं। यह जंज़ीरें कड़ियाँ बनकर एक-दूसरे से जुड़ती जा रही हैं और एक दिन इनके खिंचाव में बड़े-से-बड़ा शत्रु चटक जाएगा। अन्धकार में जो साहस नहीं हारता, वही वीर है। क़ब्रों पर हम आँसू बहाकर ही नहीं रहेंगे, आगे जो पथ खुला है महान्...स्फूर्ति का विराट् स्रोत...।'

ग़ुलाम

मैली काली बत्तियाँ। मैं देख रहा हूँ। बंगाल के भीतरी भाग में तुलना नहीं हो सकती। वहाँ इतना भेद नहीं है। आज की सभ्यता की माप वहाँ है जहाँ एक ओर महल है, एक ओर झोंपड़ी। हममें कितनी सामर्थ्य और शक्ति है, किन्तु हम कितने दुखी हैं!

कुछ मज़दूर बैठे हैं। मेरे प्रान्त के। हम आपस में बातें करते हैं।

एक बूढ़ा कहता है, 'तुम काहे आ गए इस नरक में? हम तो कहीं और जाने के नहीं। तुम वह अपना देश छोड़कर क्यों आ गए?'

'अपने अगर नरक में होंगे, तो हम वहाँ भी जाएँगे।' मैंने हँसकर कहा है।

कुछ इधर-उधर की बातें होने लगीं। एक लड़का सुनाने लगा—कैसे वह आज चौरंगी पर रिक्शा खींच रहा था कि सजी-धजी ऐक्ट्रेस फिसलकर एक अमरीकन से टकरा गई। सब हँसने लगे।

'अमरीकन बहुत अमीर होते हैं। भैया, अंग्रेज़ों से दिल में उन्हें नफ़रत है।' इस समय पीछे की तरफ़ की कोठरी में से एक औरत के रोने की आवाज़ आने लगी। सब चुप हो गए।

कुछ रोए, किन्तु अधिकांश पर एक भयावनी छाया अँधेरा-सा कर उठी। क़फ़न का इन्तज़ाम होने लगा।

एक कहने लगा, 'रोकर क्या होगा? रिक्शावाला था। मर गया। तीन दिन से ख़ूब बुख़ार चढ़ा हुआ था, मगर बच्चों के लिए जाने कैसे रिक्शा चलाता रहा। आज मर गया...।'

मनुष्य क्यों अपनों से इतना स्नेह रखता है? मैं सोचता हूँ, पुलिस इसे आत्महत्या के अपराध में क्यों नहीं पकड़ ले जाती? फिर मेरे मन में कोई हथौड़े चलाता है। पत्थर तोड़नेवाला रहमान आगे बढ़कर कहता है, 'भैया, पेट नहीं भर पाता। पहले तो सेर-भर रोज़ खाते थे, मगर अब न सेर-भर ही मिलता है और न चोरबाज़ार से ख़रीदकर खाने के पैसे हैं अपने पास!'

वह एक सूखा-साखा आदमी है। मुझे यही विस्मय है कि कैसे वह पत्थर तोड़ता है! क्या यही कमज़ोर आदमी समाज के लिए पत्थर का कठोर हृदय तोड़ सकता है? फिर याद आता है, इसकी हड्डियाँ मामूली हड्डियाँ नहीं हैं। सौ बादशाहों की हड्डियाँ घिसकर तोली जाएँ, तो भी इसकी एक पसली की हड्डी भारी बैठेगी, इसी के पूर्वजों ने ताज बनाया था, इसी के पुरखों ने पिरामिड बनाए थे।

शहर के मज़दूर मरभुखे होते जा रहे हैं। कल बस्तियों में मरभुखे

घुस आए थे अपने शरीर पर रोगों की आग लिये, जो धीरे-धीरे तमाम बस्ती में फैल गई। गफ़्फ़ार ने बुख़ार से तंग आकर चाय की दुकान बन्द कर दी। और उसे याद आने लगा, कल कलकत्ते की सड़कों पर मुर्दे दम तोड़ रहे थे, सड़ रहे थे, मर रहे थे। उन दिनों हर हफ़्ते कलकत्ते की एक-एक बस्ती में 150 या 200 आदमी मरते थे।

जूट-फैक्टरी में काम करनेवाला नरायन बैठकर खाँसने लगा। लोग कहते थे, वह ख़ून थूकता था। उसके फेफड़े भीतर-ही-भीतर गल रहे थे। वह खाँसता था, एक हाथ दिल पर रखकर, एक हाथ ज़मीन पर, जैसे दिल के बाद ज़मीन, घिचर-पिचर सत्ता के बाद मौत...और मौत के बाद जल गए, जल गए, वरना कीड़े और मुहल्ले में घोर दुर्गन्ध। एक नहीं, दो नहीं, बस्तियों का एकमात्र निर्वाण। एक नहीं, दो नहीं, रोज-रोज, महीने, साल। दिन-भर हाड़तोड़ मेहनत, अपमान, विक्षोभ, कीड़ों की-सी सत्ता, शाम को थका-माँदा, चूर-चूर बदन, रात को मलेरिया... मौत।

गोया, कहानियाँ सैकड़ों, इतिहास अनेकों, मगर मतलब की बात यह है कि आदमी के पास न साधन है, न कोई सहूलियत है, जिन्दा है, क्योंकि मरे नहीं हैं, मरे नहीं हैं यानी कि सड़ रहे हैं और सड़ेंगे तो दुर्गन्ध फैलना लाज़िमी है।

वैभव का यह रूप देखकर कवि को प्रसन्न होना चाहिए न? मैं भी कोशिश कर रहा हूँ। यह तो हुआ पुरुष। समाज को सुगठित रखनेवाला प्राणी जो कुटुम्ब की शक्ति है, उसे नारी कहते हैं। नारी मनुष्यों की सेवा करती है, मगर पशुओं और कंकालों की सेवा करना कहीं नहीं लिखा। पिता रोगी है, पति पशु है, पुत्र कंकाल है और मनु की नारी विचित्र परिस्थिति में है।

रात के गहरे अँधेरे में किसी ने मुझसे कहा, 'परदेशी हो?'

'हाँ,'—मैंने संक्षिप्त-सा उत्तर दिया।

'तबीयत लगाना चाहते हो?'

नारी जाति का कैसा सुन्दर प्रश्न है! क्या शब्द हैं! ब्रिटिश सेना पीछे नहीं हटती, करतब दिखाती है। अंग्रेज़ साम्राज्यवादी भारत पर

क़ब्ज़ा नहीं किए हैं, बल्कि हमारी ख़ुशी से हमें तमीज़ सिखा रहे हैं। ईश्वर के विरोधी रूसी पशु हैं, ईसाई धर्म के लिए हिटलर अपना ख़ून बहा रहा है और यह स्त्री वेश्या नहीं है, अतिथि की तबीयत बहलाने का प्रयत्न कर रही है। जैसे पिटारी के बाहर सँपेरा, उसके मुँह में बीन, मगर पिटारी के अन्दर दन्तहीन सर्प, जिसे न विष का गर्व है, न अपनी कुंडली का, केवल साँप है, नाचता है, बन्द हो जाता है, जीवित रहा आता है, अँधेरे में दम घोटनेवाली हवा में...।

और मैं सोचता हूँ, बरमा के मोर्चे पर फ़ौजों ने हमले किए हैं। उन फ़ौजों को ताक़त देनेवाले भूखे हैं। वह हलचल दूसरी तरह की ज़िन्दगी और मौत है; यह कशमकश सिर्फ़ एक रगड़ है, एक घृणित मानसिक बेचैनी...।

और रात के दूसरे अँधेरे में एक साइरन दहाड़ रहा है। हम छिप रहे हैं। लोग डर नहीं रहे हैं। रहमान गाली दे रहा है। उसके स्वर में कम्प नहीं है। जापानी हवाई हमला होनेवाला है। एक बार पहले भी बस्ती पर बम गिर चुके हैं। नरायन निडर है, मैं चौकन्ना हूँ। दूर-दूर कहीं जहाज़ उड़े होंगे। स्त्रियाँ निर्भीक हैं। बालक चुप हैं।

मैं स्तम्भित हूँ। यही जो भूखे थे, जो रोगों से मर रहे थे, जिनकी सत्ता पत्थर का पहाड़ तोड़ने के बराबर थी, निडर हैं। वाह रे ग़ुलाम! चर्चिल से कह दो, वह निडर हैं, क्योंकि शायद साम्राज्य से उन्हें मोह है। दीवारें हँस रही हैं। ब्रिटिश साम्राज्य का दूसरा अभिशाप ठहाका मारकर हँस रहा है। निहत्थों ने सिर नहीं झुकाया है। यह है वह ग़रीब, जिसकी ग़रीबी पर लोगों ने अपने गोदामों को भरा है और आपस में लड़नेवाले वर्गों ने चुल्लू में भरकर खून पिया है। यूरोप के छापेमार लड़ रहे हैं, किन्तु हम ख़ामोश नहीं हैं। हमारी हर साँस एक बग़ावत है। रोते हैं, क्योंकि आज मजबूर हैं, किन्तु बूँद-बूँद की बढ़ती शक्ति थपेड़ा मारकर गर्जन करती है और हर दिल से पुकार उठती है, 'हम रोने के लिए नहीं रहते। हम ग़ुलामी के ये बाँध तोड़ देने के लिए नहीं रहते। हम ग़ुलामी के ये बाँध तोड़ देने के लिए साँप की तरह ज़िन्दा हैं।'

चीत्कार

मुझे भूख लग रही है। मेरा पेट नहीं भर पाता। वैभव की यह चमक बेकार है, जैसे गंगा की प्यास नहीं बुझा सकता एक झरना। पाषाणों पर कल्लोल मचानेवाले वैभव क्या जानें कि पत्थरों की भूख क्या है? क्या वह कभी सोच सका है, उसकी कठोर वास्तविकता? बंगाल भूखा है। समाज भूखा है। मनुष्य भूखा है। इस भूख में छिपी है हमारी ग़ुलामी, हमारी कायरता, हमारा कमीनापन, किन्तु हम उसमें आज सीमित नहीं हैं।

मैं भूला नहीं हूँ कि कल ही नहीं, आज भी सड़क के फ़ुटपाथ पर मरभुखे तड़प रहे हैं। रात को पन्थी, जब अँधेरा होता है, उन्हें कुचलते चले जाते हैं। और दिन में मैंने देखा है, वह बुढ़िया डस्टबिन में से छाँट-छाँटकर कूड़ा बिना हिचक के खाती जा रही थी। मैंने देखा है, बस्तियों में आदमी, कलकत्ते की रीढ़, कैसे भूखे और बीमार तड़प रहे थे!

मुझे याद है, रेल में एक नाज-चोर मारवाड़ी ने मुझसे कहा था, 'बंगाल की स्त्रियों का चरित्र नहीं होता। मुझे हर घर में वेश्या मिल सकती है।' मेरे मन में ख़ून उबल आया था उस दिन। मानवता का ऐसा घोर अपमान मैंने अपने कानों से सुना था और मुझे अपनी ग़ुलामी पहली बार हाहाकार करती नहीं, दाँत पीसती दिखाई दी थी। नारी को वेश्या बना देनेवाला वह नर-पिशाच कह रहा था, 'रोटी नहीं है, तो केक खाओ।' इतिहास बता चुका है कि इस पाप का परिणाम क्या है? तेल नहीं है, तो घी के दीये जलाओ! भूलने की बात ही क्या है कि हमारे दिल के ख़ून में एक लौ जल रही है, जो परम्परा से ख़ून से भीगी पीढ़ी-दर-पीढ़ी जलती रहेगी।

याद है मुझे, बंगाल के मध्यवर्ग में एक बेचैनी थी, अपने ऊपर क्रोध था, अपनी संकुचित असमर्थता पर ग्लानि। वह तोड़ना जानते थे, बनाना नहीं। अविश्वास ने उन्हें घुन की तरह खा लिया था। वह रोते थे, किचकिचाते थे, किन्तु उन्होंने हमें कभी नहीं चाहा। बंगाल की जनता ने हमें प्यार किया था, क्योंकि मनुष्यता उनमें तप-तपकर उज्ज्वल हो

गई थी। वे सत्य की ओर बढ़ते थे और वर्गों के स्वार्थ अपनी पैशाचिक प्रान्तीयता तथा साम्प्रदायिकता के झूठे धोखों के भँवर में उन्हें डुबा देने का प्रयत्न करते थे। किन्तु वे अडिग थे। उन्होंने मृत्यु के पथ पर मृत्युंजय रागिणी का अभेद स्वर गर्जित किया था, जिससे पथ का कण-कण चिल्ला उठा था—इन्क़लाब ज़िन्दाबाद, इन्क़लाब ज़िन्दाबाद; और मजबूर कर दिया था उन्होंने सारी प्रतिक्रिया को सिर झुका देने के लिए। सबसे भयानक युद्ध किया है इस बंगाल की जनता ने, क्योंकि यहाँ का हर चीत्कार धीरे-धीरे बदलकर एक गर्जन हो गया है जो एक स्वर, एक घोष आकाश और पृथ्वी में एकप्राण होकर गूँज रहा है।

जो भूखा है वह जीवित रहने का मूल्य जानता है। जो गोली खाता है वह शत्रु के ध्वंस की वास्तविकता जानता है। जो मर रहा है, वह प्राणों की ज़िम्मेदारी समझने की शक्ति रखता है।

चारों ओर वही उन्माद थिरक रहा है। कोलाहल...हाहाकार...।

ख़ून के क़तरों में ठाकुर और गांधी का सिर चमक रहा है। चमक रहा है भारत का उन्नत ललाट। वह हरियाली, बंगाल की महान् हरियाली दोनों हाथ ताने सीना आगे करके बढ़ रही है, क्योंकि वह अन्नदा है, प्राणदा है...।

धधक

मांस में से दुर्गन्ध आ रही है। विषैला धुआँ मेरी आँखों में लग रहा है। कलकत्ता एक बूचड़ख़ाना है जहाँ भूख और ग़रीबी मनुष्य की बलि चढ़ा रही है।

एक बात पूछना बाक़ी है—क्यों है यह मनुष्य भूखा? क्यों है यह असामंजस्य? याद आते हैं मुझे चटगाँव के वे दुबले-पतले युवक जिन्होंने आलू खाकर अकाल से भीषण युद्ध किया था—जनता के लिए, और कम्यूनिस्ट कहलाने के अपराध के कारण मध्यवर्ग ने उनसे घृणा की थी। और कलकत्ते के रूखे स्वभाव के ये योद्धा, जैसे भारी पत्थरों के नीचे लोहे की थैलियाँ। मुझे विश्वास है, यह बूचड़ख़ाना शीघ्र ही बन्द होगा।

नाव आज दो तूफ़ानों के बीच फँसी है। एक बीत चुका है, एक घहरा रहा है। किन्तु हड्डियों ने पतवार पकड़ ली है, अब क्या है जो गलेगा?

जिन नर-पिशाचों ने अपने पापों की आड़ में मनुष्य का जीवन–चावल छिपाया है, वह आज अपनी खाट के पाये में साँप लिपटा हुआ देख रहे हैं। जनता की अबाध शक्ति जीवन के लिए चिल्ला रही है। जैसे समुद्र की असंख्य लहरें तूफ़ान में तीर के लिए गरज उठती हैं। किसान, मज़दूर, विद्यार्थी, स्त्री, पुरुष–एक पंक्ति में आगे बढ़ रहे हैं, एक होकर, ठोकरों की उन्हें परवाह नहीं है। झंडा उठ रहा है, देखो, देखो, सारा हिन्दुस्तान गरज रहा है। आज वह अपने दोस्त और दुश्मन का फ़र्क़ ख़ूब समझ रहा है। आज उसने फरफराकर अपने ऊपर की काई फाड़ दी है। सामने प्रकाश है। पत्थर तड़क रहे हैं। चालीस करोड़ों की सत्ता का प्रश्न है, क्योंकि आज हमारी सत्ता आज़ादी की एकमात्र नींव है।

भस्म

रेल चल रही है। दूर होता जा रहा है वह भूखों का देश। किन्तु मैं पराजित नहीं हूँ। कौन कहता है, मैं भस्म लेकर लौट रहा हूँ अपने देश? कौन कहता है कि उन हड्डियों का भार हलका हो गया है आज? भूखे सन्थाल पटरियों पर काम कर रहे हैं। एक-एक कर सारे चित्र मेरी आँखों के आगे नाच रहे हैं। वैभव की झिलमिलाहट और उसका घृणित अन्धकार। असभ्यों को सभ्य बनने का दम्भ। परस्पर फूट, फूट ऐसी कि हड्डियाँ हो जाएँ जोड़ों पर ढीली और समाज, कुटुम्ब, मनुष्यता हो जाए चकनाचूर। किन्तु फिर भी मन हारा हुआ नहीं है। आज भी मनुष्य को क़दम-क़दम पर विश्वास है कि वह एकदम नष्ट नहीं होगा। उसका पुनः उत्थान आवश्यक ही नहीं, अवश्यम्भावी है।

रेल दौड़ रही है। दौड़ रही है ज़मीन, दौड़ रहे हैं चित्र, वह गाँव, वह खेत, वह घर, वह नदी, सागर, बस्ती, कलकत्ता, एमेम्बली, धींवर, वेश्या, हाहाकार...उन्माद...प्रलय–लहरों की सर्वनाश का तुमुल रोर...

किन्तु फिर भीतर से निकल रही है चट्टान, जिस पर सदियों का गर्व है–गर्व है मनुष्यता का रक्त से सींचा हुआ पेड़...धन्य हो बंगाल! तेरे बलिदानों के साहस पर आज भारत की संस्कृति अपनी लाज बचाए खड़ी है। तेरे पुत्रों की हड्डियों पर खड़ा है आज चालीस करोड़ का जीवन, तूने तीन-तीन शत्रुओं के दाँत खट्टे कर डाले हैं और आज मुझे दिख रहा है, वह रक्तरंजित सिर विजयी होकर उठ रहा है।

नवजीवन

दिग्दिगन्त में केवल एक ही पुकार गूँज रही है, 'मैं भीख नहीं माँगता। जीवित रहने के लिए मैं हाथ नहीं पसारता। जीवित रहना मेरा अधिकार है, क्योंकि जीवन ही सत्ता का आज पहला प्रकाश है, एक भारी प्रश्न है।'

बाज़ारों, घरों, खेतों, कारख़ानों से कराहों के ऊपर एक ही प्रतिध्वनि उठ रही है, 'मैं मरना नहीं चाहता, क्योंकि सदियों की संचित शक्ति है। और मैं भीख माँगकर जीवित रहना नहीं चाहता, क्योंकि मैं कायर नहीं हूँ।'

बंगाल का अणु-अणु संसार को चुनौती दे रहा है, 'मैं अक्षय अविनश्वर हूँ, क्योंकि मेरी जनता महान् है; वह ऐसा गीत है, जिसकी गूँज कभी भी नहीं मिट सकती...!'

●●●